Uli Führe

Stimmicals 2

Mehr Spaß beim Einsingen

Pop- & Ethnoklinger
Artikulation & Scatraps
Körperklang & Körperhören

Von Uli Führe sind bei Fidula bereits erschienen:

- **Stimmicals**
  Spaß beim Einsingen von Anfang an mit mehrstimmigen Ethno-, Pop- und JazzKlingern, Best.-Nr. **340**

- **The Lady of Riga**
  Lieder und Kanons für zwei bis drei Frauen- und eine Männerstimme, Best.-Nr. **343**

- **Jazz-Kanons**
  19 Kanons von Uli Führe und Werner Rizzi für Kinder, Jugendliche und Erwachsene, Best.-Nr. **341**

- **Swing & Latin**
  27 swingende, funkige Kanons von Joachim Fischer, Uli Führe und Werner Rizzi für jedes Alter, sowohl a cappella als auch mit Begleitung, Best.-Nr. **342**

- **Er & Sie**
  Jazzige Madrigale für vier gemischte Stimmen a cappella nach Texten von Robert Gernhardt, Best.-Nr. **344**

- **Mobo Djudju**
  33 Lieder und Kanons nicht nur für Kinder, Best.-Nr. **264**

- **Kroko Tarrap**
  33 Lieder und musikalische Zirkusspiele für Kinder, mit Texten von Jörg Ehni, Best.-Nr. **265**

- **Am Himmel geht ein Fenster auf (Texte von Jörg Ehni)**
  Musical zur Weihnachtsgeschichte für Kinder ab 9 Jahren, Best.-Nr. **257**

Umschlaggestaltung: **Herbert Becker**
Notensatz: **Uli Führe**
Notengraphik: **Nikolaus Veeser**
Fotos: **Hellmuth Wolff**
Die Kinder auf den Fotos: **Clara Propst, Amelie Führe, Eva und Hanne Wolff**

© Fidula 2002
Alle Rechte vorbehalten. Keine unerlaubte Vervielfältigung!

Fidula-Verlag
56281 Emmelshausen
www.fidula.de

Best.-Nr. **348**
ISBN 978-3-87226-**348**-X

Übersicht

Begleitwort 6
Über den Umgang mit den Bildern 6
Über den Umgang mit den Stimmicals 6
Die Symbole Wurzel, Stamm und Krone 7

Beispiel Einsingen mit einem Clown

Der Gummibauch	*Atemübung, Flankenatmung*	8
Kistenschieben	*Muskeln aktivieren, Dehnen und Strecken*	8
Abstauben	*Lockerungsübung, Schütteln und Abklopfen*	9
Er schminkt sich	*Lockerung und Pflege der Gesichtsmuskulatur*	9
Jom bada	*Wie ein Clown sich einsingt*	10

Scatraps

In diesem Kapitel geht es um Artikulation, Zungenfertigkeit, Konsonanten und Rhythmus.

Der Fliegenklatscher	*Schultermuskulatur*	13
Golem	*Körper aufwecken*	13
Die Honigtröpfchen im Bart	*Zungenstreckübung, Kehlkopfdruck entlasten*	14
Das Mäusetrampolin	*Schulterlockerung*	14
Zigi	Zungentechnik mit Z,S und Sch	15
Dum digi digi	Rhythmusaufbau und Explosivlaute	16
Pang toketi	Rhythmusaufbau, 8tel-Triole und Explosivlaute	17
Kleine Motoren-Etude	Zungenfertigkeit, Explosivlaute und 16tel-Triolen	18
Rrrang	Rhythmusaufbau und Explosivlaute	20
Hung digedi	3er-Einheiten über geradem Takt	22
Pata tschikata	Rhythmusaufbau und Explosivlaute	23
Stop	Rhythmusaufbau, 4tel-Triole und Artikulation	24
Po kuku da!	Explosivlaute und Synkopenübung	25
Bidebide	Lippen-Zungenkoordination	26
Ba k t gu	Konsonantenübung über einem 5er-Takt	27
He Koko!	Arbeit mit K und T	28

Intervalle und Dreiklänge

Jedes Intervall benötigt unser Ohr. Diese Stimmicals schulen das Gehör für die elementaren Intervalle.

Der glückliche Buddha	*Flankenatmung*	30
Die Erd-Röhre	*Atemklang, Öffnung nach unten*	30
Der Kuhpsychologe	*Wangenmuskulatur*	31
Der Nasenbär	*Nasenresonanz*	31
Die Lehmbodenübung	*Lockerung, Erdung*	31
Dungadu	Quintenbeweglichkeit und Dreiklänge	32
Jodelda	Stimmaufbau mit Dreiklangsmotiven	33
Honga mom baia	Quintsprung aufwärts, Quartsprung abwärts	35
Ojuna	3-stimmiger Aufbau, Klanghomogenität, Chromatik	36
Dungudu	Quintsprünge, Beweglichkeit, Terzfallsequenz, gebrochene Dreiklänge	37
Tomba sunaja	3-stimmiger Aufbau, Synkopen und Höhe mit Ethnomotiven	39
Go Dudijak	Chromatik, Sekundreibungen, Rhythmus	40

Geläufigkeit

Schnell und viele Töne sauber zu singen erfordert Training.
Diese Stimmicals erweitern die stimmliche Vitalität.

Luftstangen schieben	Atem und Körperspannung	43
Das Geheimnis der Königin	Zungendehnübung, Kehlkopfentlastung	43
Der Fingerkorb und der Duft	Atem und Dehnen	44
Der Zitteraal	Lockerung aller Körperpartien	45
Sabadap	Geläufigkeit	46
Dumba daja	Geläufigkeit und Höhenaufbau	47
Lumumba	4-stimmiger Aufbau, Bruststimme, Linie und Skala	48
Dugadaba	Geläufigkeit und Höhenaufbau	50
Onga onga	Intervalle und absteigende Linie	51
Saba	3-stimmiger Aufbau, Geläufigkeit	54
Hoja hoja	Aufbau mit Moll-Skala	56
Sevensteps	Sieben Motive zu Stimmaufbau, Intervalle und Geläufigkeit	57

Homogener Klang

Bei jedem Chor steht der homogene Klang an oberster Stelle. Diese Stimmicals zielen schwerpunktmäßig auf die Ausbildung dieser Qualität.

Der Atemkreisel	Atemzentrierung im Becken	62
Die Körperschubladen	Klangvorstellung im Körperrumpf	63
Die Klangsäule um uns	Klangvorstellung für den ganzen Körper	63
Die magischen Kugeln	Klangvorstellung vor dem Körper	64
Doda doda	homogener Klang und Akkordklang	65
Junaja	Klanghomogenität mit wandernden Terzen	66
Donga	Bruststimme, Phrase und Höhenaufbau	67
Momba he	Trollgesänge für ein Fest, Höhenaufbau	69
Dumba daja	Höhenaufbau über einem homogenen Klang	70
Nowa o	Quinten und homogener Klang	71
Suna mana	Homogener Klang und Intervalle	72

Mixed Stimmicals

Bei den Mixed Stimmicals kommen verschiedene Übungsziele gleichzeitig zum Tragen:
Intonation, Geläufigkeit, Vokale, Rhythmus und Artikulation

Der Riese im Felsschacht	Dehn- und Streckübung	74
Der Riese und sein großes Becken	Körperwahrnehmung, Becken und Atmung	74
Der Riese und der Waldstaub	Durchblutung und Lockerung	75
Der Riese im warmen See	Atem, Dehnung und Körpergefühl	75
Adjudju 1	Synkopen und Höhenaufbau	76
Ajana	4-stimmiger Aufbau, Bruststimme, Phrase und Höhenaufbau	77
Ejana	rhythmische Sicherheit, Maskenresonanz	79
Awum	Artikulation, Triolen und Rhythmus	81
Adjudju 2	Off-Beat und Höhenaufbau	84

Körperklang und Körperhören

In Zentrum dieser Übungen stehen die Erforschung und Erweiterung des eigenen Körperklanges. Die Übungen dienen dem Körperklangbewusstsein, das die Grundlage für ein ausgewogenes Singen ist.

Körperklang

Im Körper klingen	87
Kuppelklang des Kopfes	87
Höhlenklang der Augen	88
Die M-Massage	88
Die Schläfenkammer	88
Weitere Übungen	89
Gruppenübung: Klingen durch die Arme	89

Körperhören

Über das Körperhören	91
Den fremden Ton im eigenen Körper hören	91
Gruppenübung: Quintenspiegel	92
Partnerübung: Klänge spüren	93
Schulterklang	93
Klangwanderung	94
Sich gegenseitig ausklopfen	94

Grundlagen zur Stimme
oder: das Wichtigste zum Schluss

Wie setzt sich die Stimme zusammen?	95
Die Person klingt durch	96

Begleitwort

Chorprobe, Mittwoch abend: Einsingen – „Nicht schon wieder!"
Doch: Mit Stimmicals 2 macht Stimmbildung Spaß von Anfang an.

Der Schwierigkeitsgrad richtet sich sowohl an solistische Sänger als auch an Chöre, das reicht von der Schulklasse, dem Kinderchor bis zum versierten Erwachsenenchor, also **an alle singenden Menschen**.
Die Stimmicals berücksichtigen die neuen Anforderungen des Pop- und Jazzgesangs und fußen doch auf den klassischen Singtraditionen. Die Klangsilben dienen der stimmbildnerischen und stimmpflegerischen Arbeit.

Stimmicals 2 hat einen neuen Schwerpunkt: Die **Scatraps**! Dies sind kleine Artikulationsübungen, die die Zungen- und Lippenfertigkeit trainieren. Gleichzeitig wird das Zwerchfell aktiviert. Mit *Scat* meint man im Jazz Klangsilben. Rap ist rhythmisch gesprochener Text, oft mit virtuoser Spielfreude vorgetragen. In diesen Übungen sind gleichzeitige rhythmische Schulungen integriert.

Singen ist **Gestimmtheit**. Nicht umsonst heißt es „Lieben und Singen lässt sich nicht zwingen." Singen sollte dem Wohlbefinden dienen. Ein heiterer Mensch klingt ganz anders als ein angespannter. Zu große Spannungen verhindern den Klang. Darum gilt es immer wieder den eutonischen Klang zu finden. Die Stimmicals zeigen einen Weg dahin auf.

Die Vergangenheit hat gezeigt, dass sich die Stimmicals sogar für Aufführungen eignen. Ursprünglich waren sie nur zum Einsingen und für den Unterricht gedacht. Viele Chorleiter nutzen die Stimmicals aber auch als kleine **Vortragsstücke**, die mit ihrem improvisatorischen Charakter einen ausgleichenden Gegenpol zur üblichen Chorliteratur bilden.

Über den Umgang mit den Bildern

Die Bilder (wie z.B. *Troll*) als Vorstellungshilfen sind wesentlicher Bestandteil der Stimmbildungsarbeit. Sie stimmen den Menschen auf eine musisch förderliche Weise ein. Das gilt für Erwachsene genauso wie für Kinder. Riesen und Königinnen lösen in jedem von uns jeweils bestimmte Körpergefühle aus, die für das Singen genützt werden können.

Die bildhaften Körperübungen stehen am Anfang der Stimmarbeit. Sie **wecken den Körper** auf. Während der ganzen Probenarbeit kann man immer wieder kleine Übungsinseln einbauen, um etwaige Verspannungen zu lösen. Nach angespannten Legatophrasen eignen sich Schüttelübungen (z.B. *Zitteraal*), nach längeren Sitzzeiten sollte man Dehn- und Streckübungen dazwischenschalten (*Riese im Felsschacht*), oder wenn die Intonation zu leiden beginnt, dann muss man am Atem arbeiten (*Atemkreisel*).

Über den Umgang mit den Stimmicals

Die meisten Stimmicals haben 2 oder 3 Motive. Sie sind in der Regel nur so kurz, dass man sie der Gruppe auswendig beibringen kann.
Man singt/spricht das **1. Motiv** vor und lässt es 3- oder 4-mal nachsingen/-sprechen.
Genauso verfährt man mit dem **2. Motiv**, bis die Gruppe es beherrscht.
Es werden zwei Gruppen gebildet. Jede Gruppe hat ein eigenes Motiv und **man setzt die Motive zusammen**.
Auf ein Zeichen (Handzeichen oder Zwischenruf „Wechsel!") tauschen die Gruppen die Motive.
Schließlich bringt man der ganzen Gruppe das **3. Motiv** bei. Wenn sie es beherrscht, teilt man drei Gruppen ein und verteilt die Motive. Das Stimmical wird **zusammengesetzt**.
Auch hier werden auf ein Zeichen die Motive innerhalb der Gruppen getauscht (Richtung klären!), sodass alle immer alles gesungen/gesprochen haben.
Nebeneffekt: Es verlangt eine hohe und ständige Aufmerksamkeit! Man muss immer den anderen Gruppen beim eigenen Tun zuhören, damit man weiß, was auf einen zukommt.

Die **Tonhöhe** der Stimmicals ist variabel. Die notierte Version dient dem Einstieg für ungeübtere Stimmen. Selbstverständlich können die Stimmicals für die entsprechenden Zwecke chromatisch in beide Richtungen versetzt werden.

Die Symbole Wurzel, Stamm und Krone

Zu den jeweiligen Motiven gehören Symbole mit folgenden Bedeutungen:

Diese Motive stehen immer am Anfang der Stimmarbeit.
Der Stimmeinsatz ist in der unteren Indifferenzlage angesetzt, also der unteren Sprechlage.

Diese Motive bauen die Stimme linear nach oben auf.
Meist steht der Atemfluss gepaart mit Intervallen im Zentrum dieser Motive.

Diese Motive stehen für zwei Aspekte: Einerseits wird die Höhe ausgebaut,
andererseits werden höhere Anforderungen, wie z.B. Geläufigkeit, an die Stimme gestellt.

Beispiel für die Arbeit mit den Stimmicals
Einsingen mit einem Clown
Stimmgeschichten mit Übungen und Liedern für spielerisches Singen

Der Gummibauch

Atemübung, Flankenatmung

Der Clown hat sich einen Gummibauch umgeschnallt. Der Gummibauch hängt ihm bis auf seine Füße. Deshalb muss er ihn mit beiden Händen von unten hoch holen.

Der Clown bückt sich, umfasst mit breiter Geste unten seinen Bauch und holt ihn nach oben. Bei dieser Atemübung wird der Atem in die tieferen Regionen (Flankenatmung) gelenkt. Er lässt die Stimme mit einem langgezogenen *Hoooo* ausklingen.

Der große Hängegummibauch wird mehrmals hochgeholt. Die Hände sollten immer unterhalb des Bauchnabels bleiben, sie dürfen nicht zu weit oben sein. Durch das Bücken kann man beim Einatmen primär in die Flanken atmen, was für eine gute Atemstütze sehr hilfreich ist.
Das *Hooo* dient als entspannender Einschwingvorgang für die Stimmbänder.

Kistenschieben

Muskeln aktivieren, Dehnen und Strecken

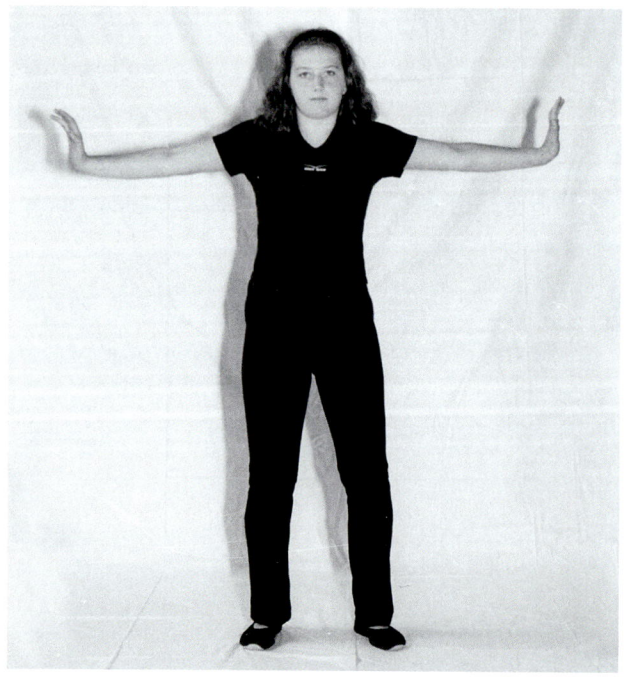

Der Clown schiebt zuerst riesige Kisten in die Manege. Dann stellt er sich dazwischen und stemmt sie auseinander.

Wir schieben imaginäre schwere Kisten von unserem Platz aus. Dabei werden die Arme langsam nach vorne gestreckt, unsere Füße sind leicht versetzt, damit wir einen guten Stand haben. Beim zweiten Teil der Übung stehen wir so, als ob wir uns in einem Türrahmen befänden und diesen auseinander drückten. Wir dehnen uns soweit wie es geht.

Abstauben

Lockerungsübung, Schütteln und Abklopfen

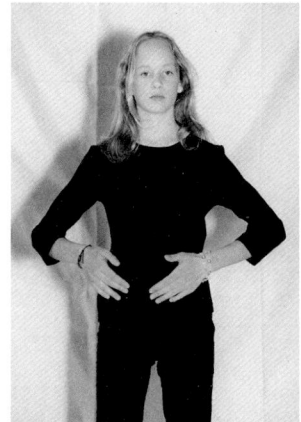

Die Kisten sind von der langen Reise sehr staubig geworden, darum muss sich der Clown jetzt kräftig schütteln.
Wir schütteln zuerst die Schulterpartien, dann die Arme, die Hüften und schließlich beide Beine.
Der Clown entdeckt immer noch Staub auf seinen Kleidern. Darum klopft er den Staub aus.
Zuerst Arme ausklopfen, dann die Schultern, den Rumpf und die Beine.

Er schminkt sich

Lockerung und Pflege der Gesichtsmuskulatur

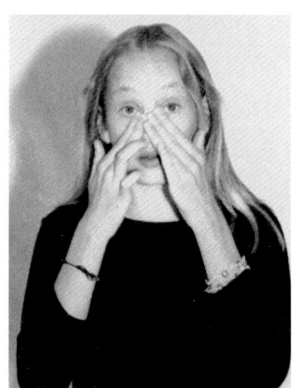 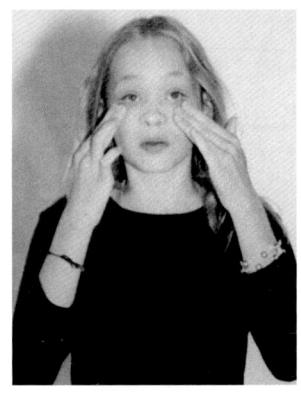

Der Clown ist noch nicht richtig geschminkt. Er fasst in den weißen Schminktopf hinein und reibt sich vor allem die Wangen ein. Dann möchte er, dass man seine Augen sieht. Er malt sie rot an. Die Nase wird gelb. Und auf seine Glatze kommt ein goldener Punkt.

Beim Einmassieren der Wangen kreist man mit den Fingerballen der Handfläche behutsam in die Kaumuskulatur, während die Fingerspitzen die Schläfen einmassieren. Dann fasst man mit zwei Fingern in den roten Schminktopf. Man umkreist von der Nasenwurzel aus die Augen und fährt über die Augenbrauen bis hin zu den Schläfen, dann wieder unter den Augen zurück zu der Nasenwurzel. Diese Kreismassage sollte man mehrmals ausführen. Die Augenhöhlen sind ein wertvoller Klangraum.
Dann greift man mit allen Finger in den gelben Schminktopf und fasst die Nase so an, als ob man gerade Niesen müsste. Die Fingerspitzen berühren sich. Die Nase befindet sich zwischen den Handflächen wie unter einem steilen Zelt. Man reibt sie mit der Farbe ein und summt wohlige Töne in das Fingerzelt.

Schließlich steckt man einen Zeigefinger in das Goldtöpfchen und macht einen Punkt auf die höchste Stelle des Clowns, auf den Glatzenmittelpunkt.
Dann summt man in diesen Punkt hinein bis man das Gefühl hat, die Glatze würde vibrieren (was sie auch tatsächlich kann).

Diesen Punkt braucht der Clown immer, damit er weiß, wo oben in der Welt ist.

Haste Töne? Aber klarrisimo!

Jom bada *Wie ein Clown sich einsingt*
Der Clown beginnt nun zu singen. Er lässt seinen Gummibauch klingen. Er singt das Motiv wie ein alter Bär, und die Töne fallen gemütlich ab. (Tonraumausweitung in die Tiefe. Ansatz von der unteren Sprechlage.)

Jom bada
Stimmaufbau mit drei Akkorden

4 Gruppen

1. Motiv

Jom ba - da jom ba - da jom ba - da ja

Ansatz im Brustraum, als ob man einen dicken Bauch hätte.

Hui, das ging ja schon ganz gut. Der Clown wird mutiger. Er möchte seine Stimme etwas beweglicher machen und die Stimme hüpft durch neue Klangräume.
Der Tonraum weitet sich spielend nach oben aus. Die Beweglichkeit der Stimme wird gefordert.

2. Motiv

Ju - del da da ju - del da da ju - del da da ja

Genau auf die Terzschritte achten, noch oben groß, nach unten nicht absinken.

Es macht ihm Spaß mit der Stimme einmal das eine Motiv zu probieren, dann das andere. Schließlich holt er sich einen Kollegen und jeder singt nun ein Motiv.
Die Klasse, der Chor wird in zwei Gruppen geteilt und jede Gruppe singt ein Motiv. Nach vier Durchgängen wird das Motiv getauscht.

zusammensetzen

Ju - del da da ju - del da da ju - del da da ja

Jom ba - da jom ba - da jom ba - da ja

Mittlerweile ist der Clown richtig munter geworden und er möchte gerne noch neue Melodien mit seiner Stimme ausprobieren.
Die Höhe wird langsam ausgeweitet. Wichtig ist dabei immer, dass nicht mit Druck gearbeitet wird.

3. Motiv

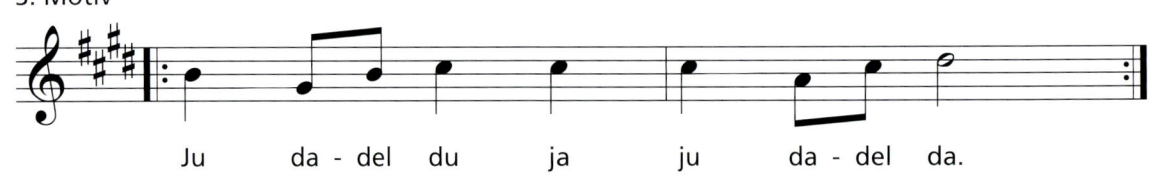

Ju da - del du ja ju da - del da.

Die Linie hat die beiden Zieltöne cis und dis, die genau auf den jeweiligen Grundton bezogen sein sollen.

Nun teilt man drei Gruppen ein und verteilt. Man lässt einige Male die jeweilgen Motive singen. Bei geübten Gruppen kann man Wechsel zurufen, und nach einem verabredeten Turnus wandern die Motive von Gruppe zu Gruppe.

zusammensetzen

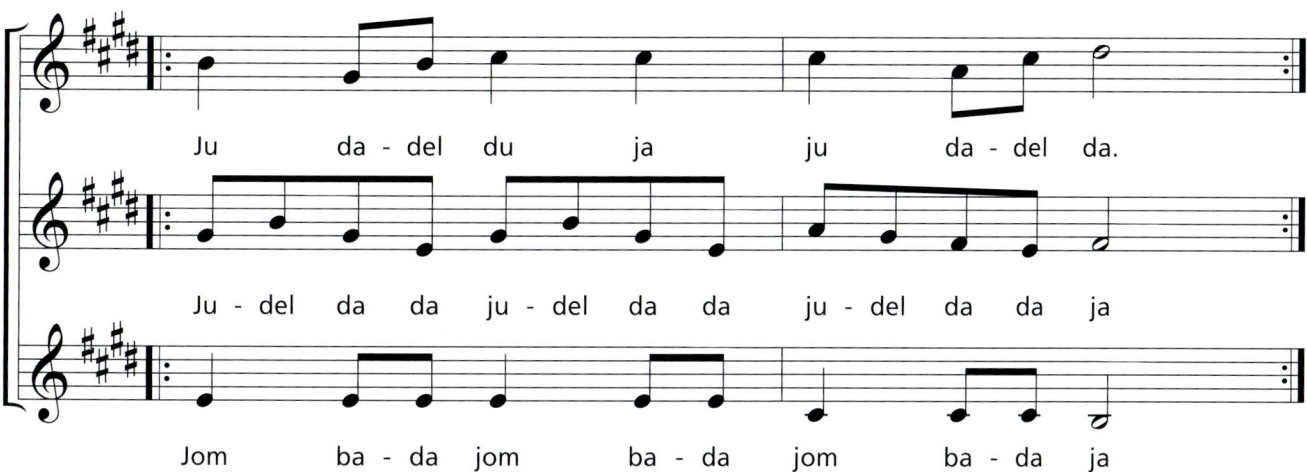

Der Clown wird vom Höhenzauber gefangen. Er will noch mehr probieren. Und er erfindet sein 4. Motiv. Die ganze Gruppe übt das neue Motiv, dann teilt man vier Gruppen ein und verteilt die Melodien. Auch hier kann man die Wechsel-Regel anwenden, damit der Musikfluss nicht unterbrochen wird.

4. Motiv

Das e sollte klanglich mit dem vorher gesungenen h verbunden sein. Die hohen Töne mit einem leichten Gähngefühl ansingen.

zusammensetzen

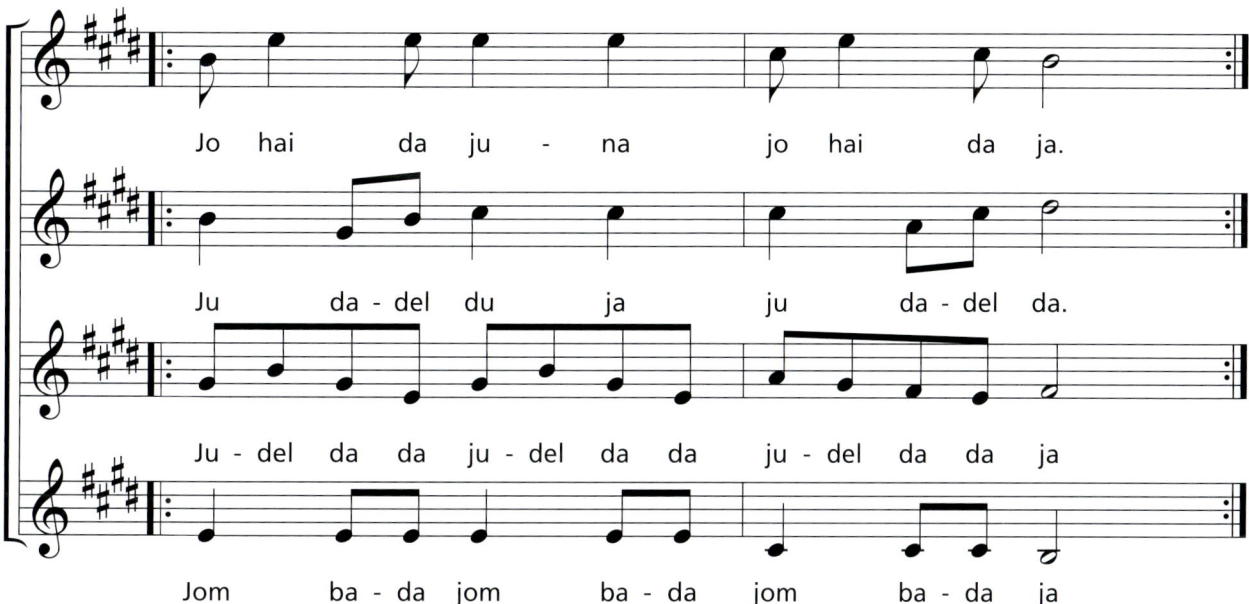

Scatraps

In diesem Kapitel geht es um
Artikulation, Zungenfertigkeit,
Konsonanten und Rhythmus.

Der Fliegenklatscher

Schultermuskulatur

 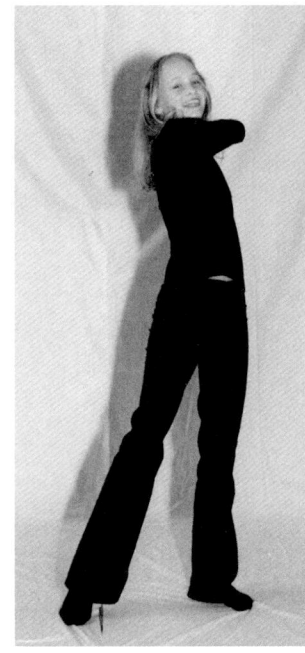

Wir stehen. Plötzlich landet direkt auf der Wirbelsäule zwischen den Schulterblättern eine kitzelnde Fliege. Wir holen lässig Schwung und schleudern unsere Hand nach hinten. Die Fliege ist schlau, weicht aus. Darum machen wir mit der anderen Hand weiter. So kommen wir langsam in einen Schleuderrhythmus: links, rechts, links, rechts, ...
Die Fliege wandert millimeterweise immer weiter nach unten und unsere Hände versuchen ihr zu folgen. Wir können uns auch vorstellen, dass zwei Fliegen jeweils auf den Schulterblättern sitzen und wir versuchen, sie mit unseren körpereigenen Fliegenklatschen zu erwischen.

Golem

Körper aufwecken

Golem, der Mensch aus Lehm, ist gerade erschaffen worden. Er steht noch wie eine Statue. Sein Schöpfer ist aus der Werkstatt gegangen und Golem merkt, dass Leben in seinen Tonkörper kommt.

Er beginnt ganz behutsam mit einer **Schulter** zu kreisen.
Dann die andere.

Er kippt sein **Becken** vorsichtig noch vorne und zurück.
Dann lässt er einen Hüftknochen kreisen.
Dann den anderen.

Er bemerkt seine **Knie** und entdeckt ihre Beweglichkeit.
Die Kreisbewegungen werden immer weiter und er wechselt auch die Richtungen.

Dann hebt er die **Fuß**spitzen. Immer weiter noch oben.

Damit er sein neues Können beobachten kann, schaut er nach unten. Ja, da ist ja obenauf noch sein **Kopf**.
Zuerst schaut er ganz wenig nach unten, dann wird es fast zu einem langsamen Nicken, bis sein Kinn schließlich die Brust berührt.
Über ihm ist die Decke. Er reckt den Kopf immer weiter nach oben. Er will immer mehr von der Decke sehen, sogar die Teile, die weit hinter ihm liegen, bis sein Kopf tief im Nacken liegt.
Das macht er natürlich immer nur so weit, wie es ihm angenehm ist.
Er entdeckt vor sich an der Wand ein Bild von Picasso. Da er nicht weiß, ob es richtig herum aufgehängt ist, neigt er den Kopf zunächst wenig, dann immer tiefer zur einen Seite. Nein, so kann es nicht stimmen.
Er probiert es auf die andere Seite. Nein, so stimmt es wohl auch nicht.

Golem merkt, dass Luft durch die Nasenlöcher in den Kopf einströmt. Sie fließt in den **Brust**raum, der sich bewusst hebt und senkt. Er summt dazu in Wellenlinien und beginnt wie ein großer Vogel die Ellenbogen zu bewegen. Der Klang wird offen und immer geschmeidiger. Er merkt, dass er ihn durch den Körper wandern lassen kann. Überall, wo der Klang war, fühlt es sich nun wärmer, lebendiger und mit Leben durchflutet an.

Die Honigtröpfchen im Bart

Zungenstreckübung, Kehlkopfdruck entlasten

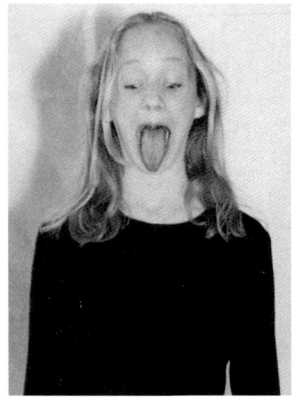 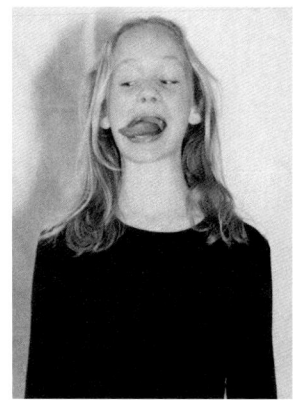 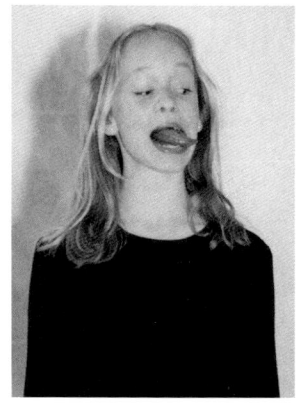

Als der Riese zufällig ins Wasser schaut und sein Spiegelbild entdeckt, da sieht er, dass sich in seinem Bart überall Honigtröpfchen befinden. Der Riese liebt Honig über alles. Darum versucht er mit seiner Zunge ganz weit nach unten zu kommen, wo die Tröpfchen sind. Und es gibt Tröpfchen auch an den Seiten im Bart. Schließlich hängen auch ein paar Tröpfchen auf seiner Nase.

Das Mäusetrampolin

Schulterlockerung

Wir stellen uns vor, eine freundliche Maus ist an uns hochgeklettert. Sie möchte von uns ein ganz spezielles Programm geboten bekommen: Sie will hüpfen. Sie sitzt auf einer Schulter, und mit einem kleinen Impuls schubsen wir die Maus über unseren Kopf auf die andere Schulter. Wir verfolgen ihren Flug mit unseren Augen, vielleicht begleiten wir ihn auch mit einem Hui! Von dort bekommt sie den nächsten Impuls, und so geht es 10-mal hin und her.
Dann ruft sie ihr Geschwisterchen nach oben. Es sitzen nun auf beiden Schultern jeweils eine Maus. Sie dürfen beide hüpfen. Die Schultern schnellen gleichzeitig nach oben, und wir lassen sie auch immer wieder sofort fallen. 10-mal.

Zigi

Zungentechnik mit Z, S und Sch

2 Gruppen ♩ = 96

1. Motiv

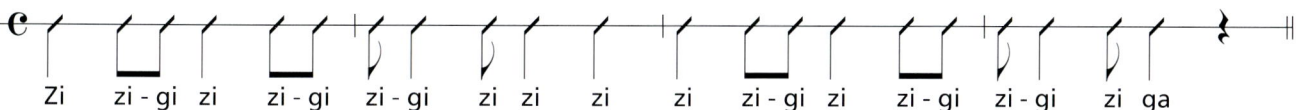

Zi zi-gi zi zi-gi zi-gi zi zi zi zi zi-gi zi zi-gi zi-gi zi ga

Die Zunge sollte an der oberen Zahnreihe mit guter Spannung sauber sauber schließen.

2. Motiv

Du schau Sig-gi, Tsa-tsi-ki! Tsa-tsi-ki! Da schau Sig-gi, Tsa-tsi-ki schmeckt gut!

Der Text sollte theatralisch kühl gebracht werden.

zusammensetzen

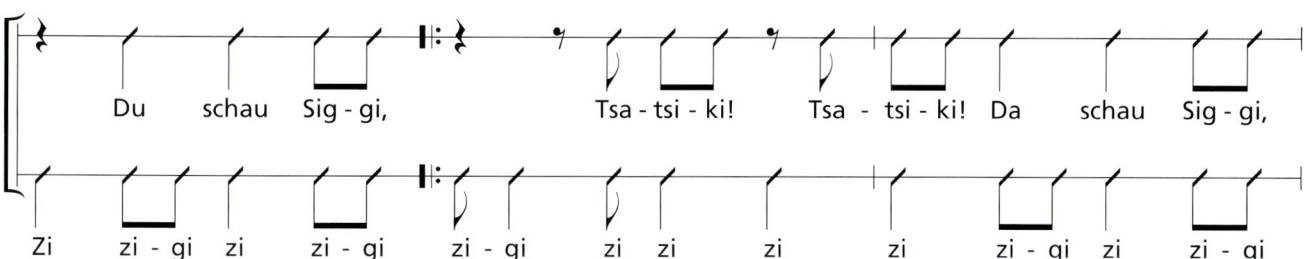

Du schau Sig-gi, Tsa-tsi-ki! Tsa-tsi-ki! Da schau Sig-gi,
Zi zi-gi zi zi-gi zi-gi zi zi zi zi zi-gi zi zi-gi

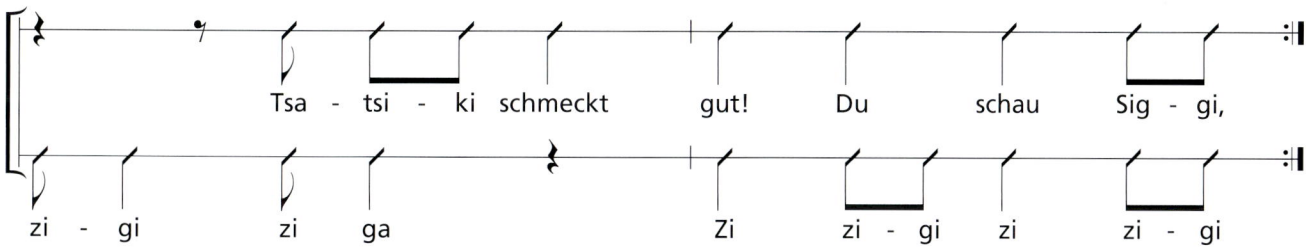

Tsa-tsi-ki schmeckt gut! Du schau Sig-gi,
zi-gi zi ga Zi zi-gi zi zi-gi

Dum digi digi

Rhythmusaufbau und Explosivlaute

3 Gruppen

1. Motiv

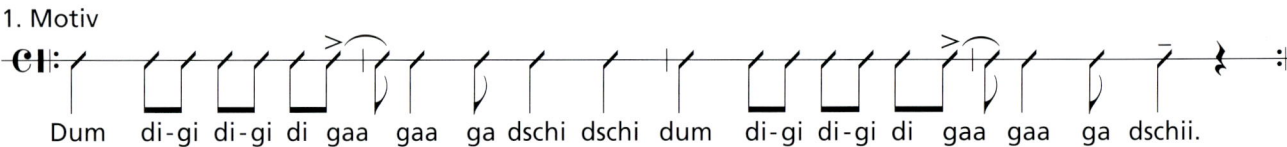

Auf saubere Synkopen achten.

2. Motiv

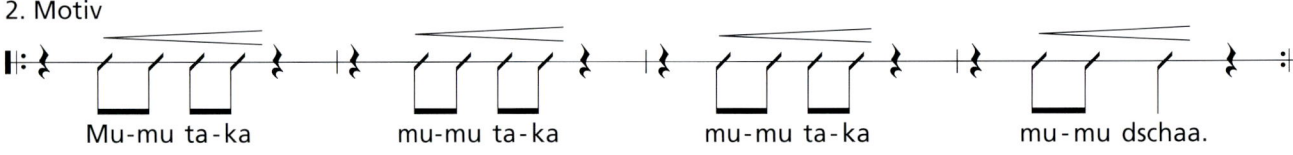

Das t sehr explosiv aussprechen! Als kleine Hilfe: Man kann die 1 und die 4 mit dem Daumen
auf das Brustbein klopfen, sodass die Pausen exakt eingehalten werden.

zusammensetzen

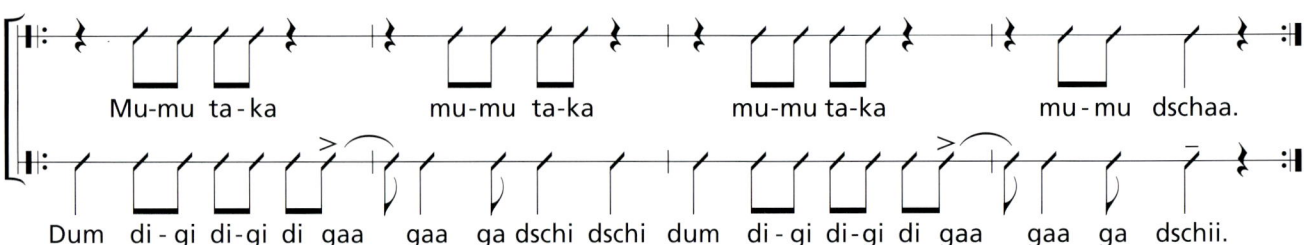

3. Motiv

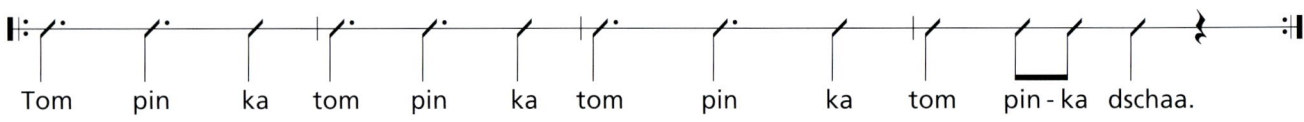

Dieses Motiv über alle vier Takte mit steigernder Stimme sprechen.

zusammensetzen

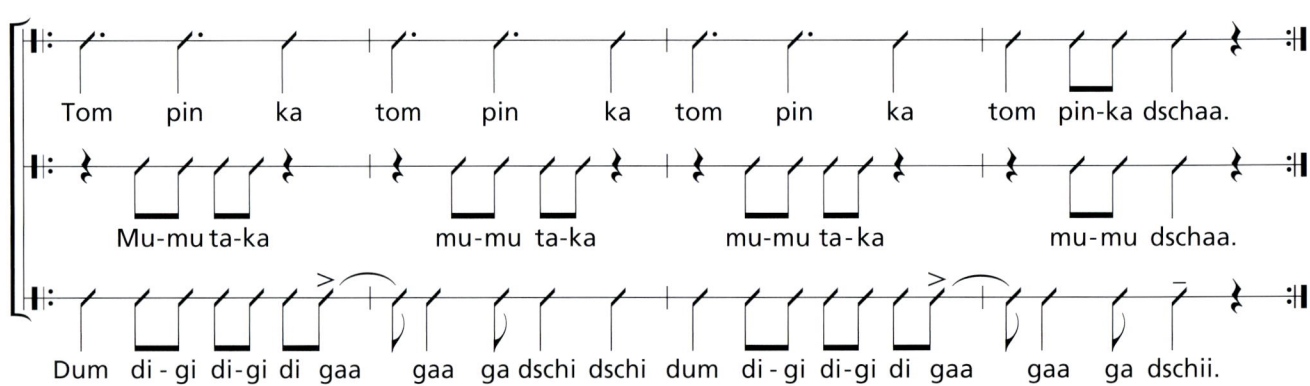

Pang toketi

Rhythmusaufbau, 8tel-Triole und Explosivlaute

2 Gruppen
1. Motiv

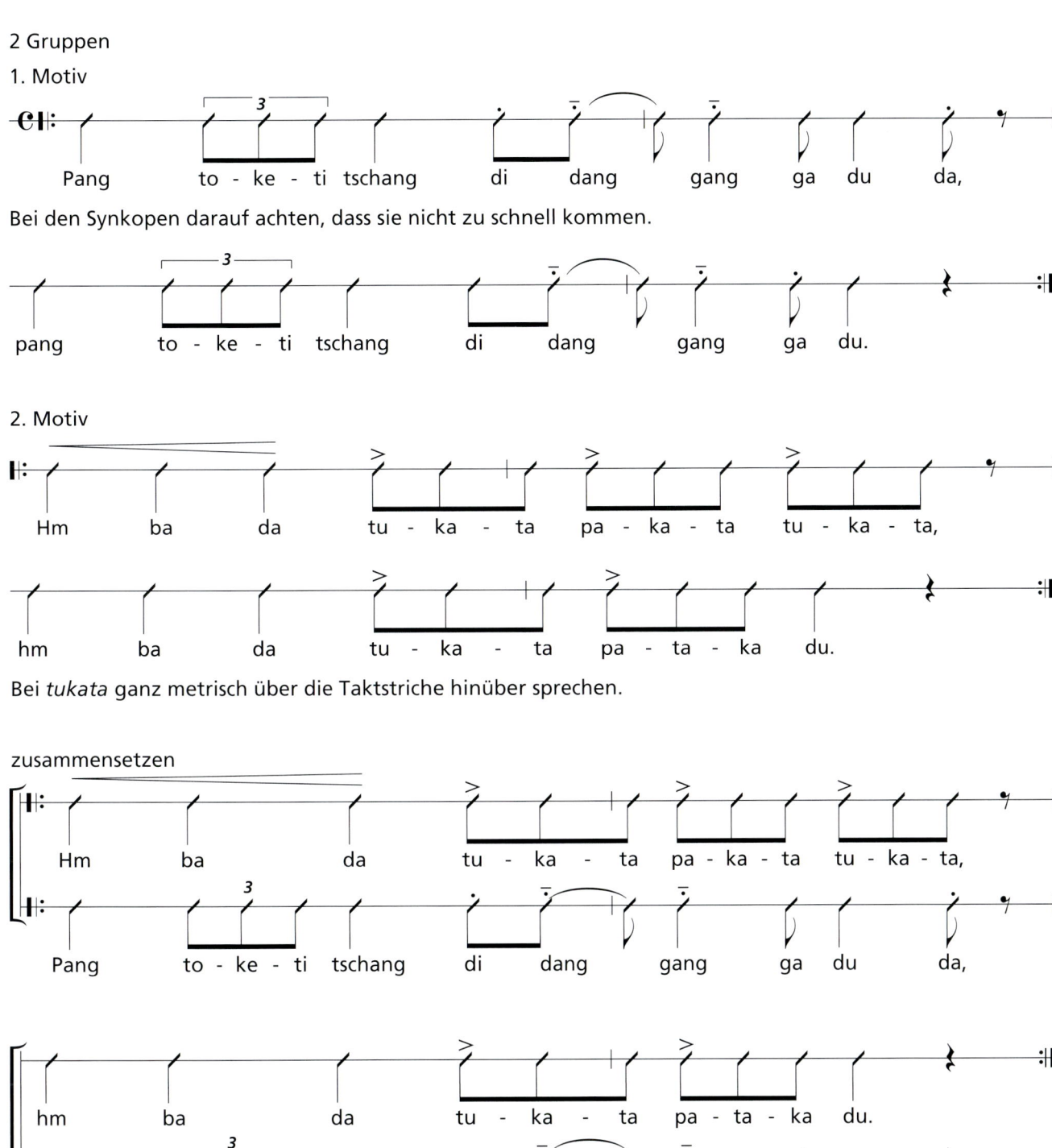

Bei den Synkopen darauf achten, dass sie nicht zu schnell kommen.

2. Motiv

Bei *tukata* ganz metrisch über die Taktstriche hinüber sprechen.

zusammensetzen

Uli Führe **STIMMICALS 2** © Fidula

Kleine Motoren-Etude

Zungenfertigkeit, Explosivlaute und 16tel-Triolen

3 Gruppen ♩ = 96

1. Motiv

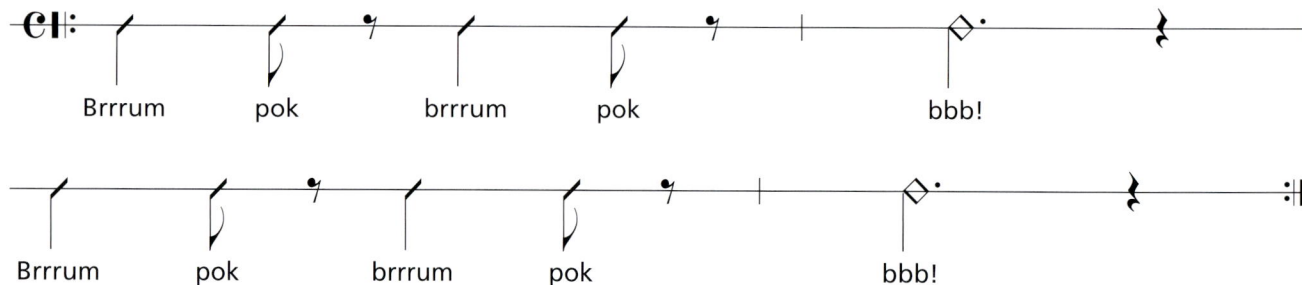

Das R bei Brrum wird mit Zungen-r gesprochen, beim bbb! die Lippen flattern lassen.

2. Motiv

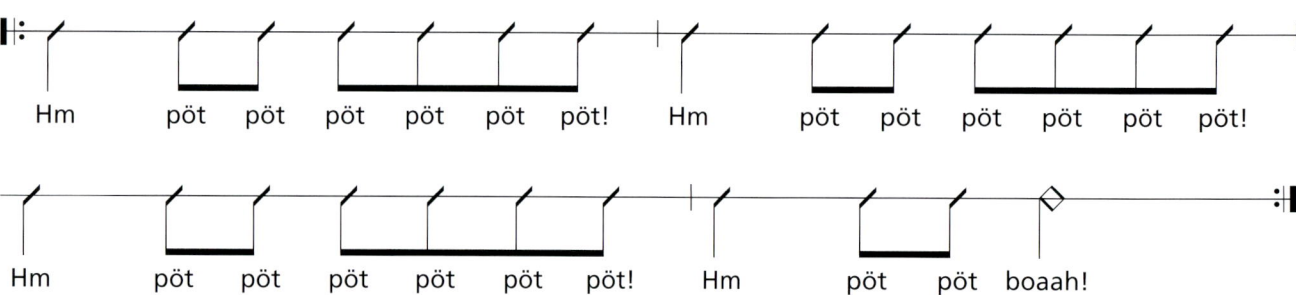

Bei pöt den p-Konsonant ganz schnell wieder mit Spannung aufbauen.

zusammensetzen

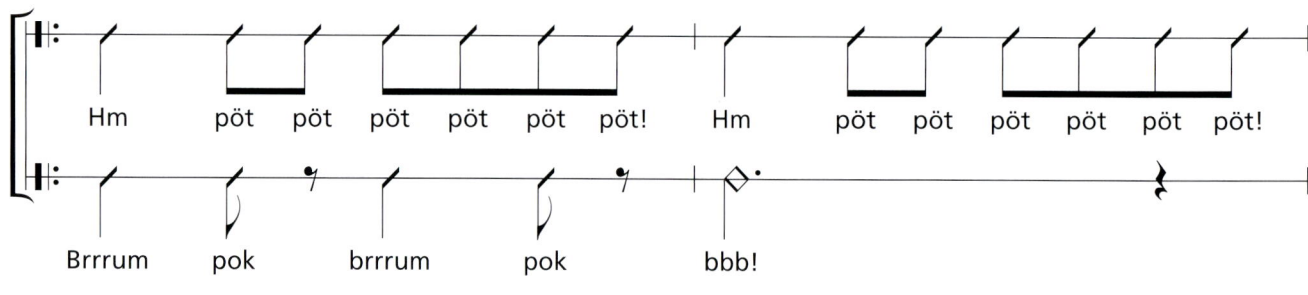

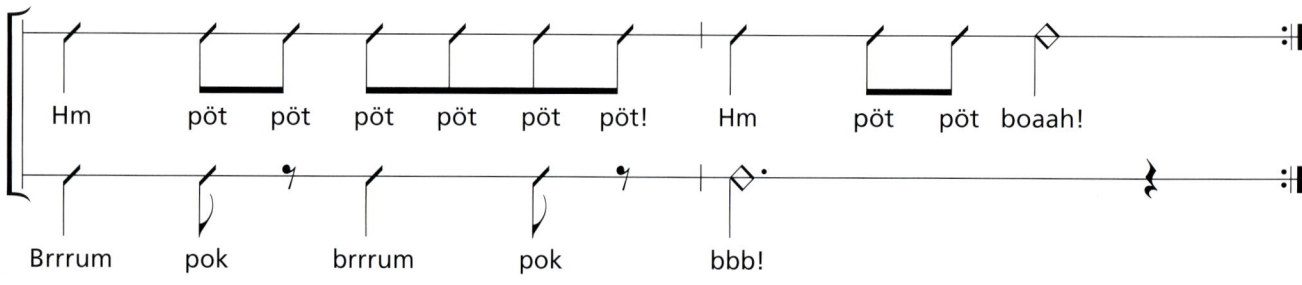

3. Motiv

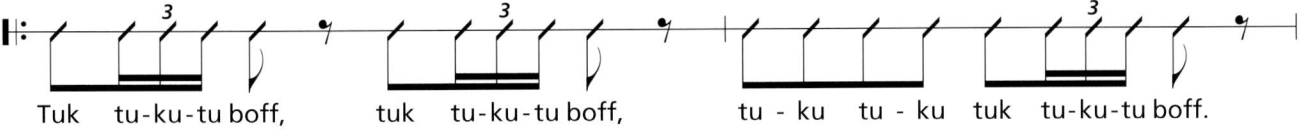

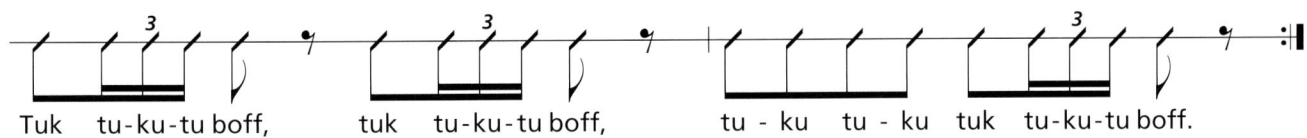

Dieses Motiv verlangt große Zungenfertigkeit. Es sollte mit Leichtigkeit und Präzision gesprochen werden. Zungentraining speziell bei der Triole! Schnelle Bewegung!

alle Motive zusammensetzen
Das Endtempo richtet sich nach den Triolen. Diese müssen gut durchhörbar sein.

zusammensetzen

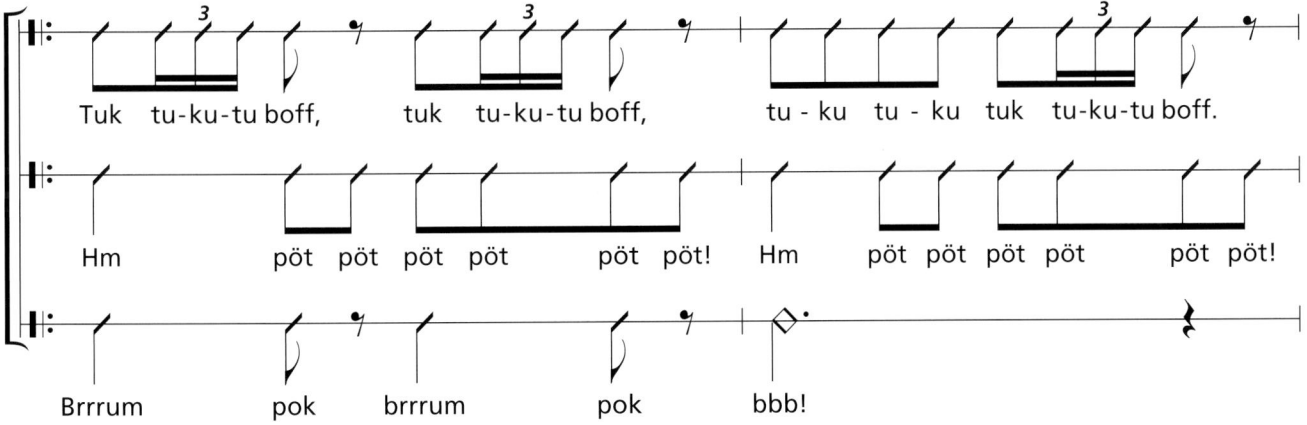

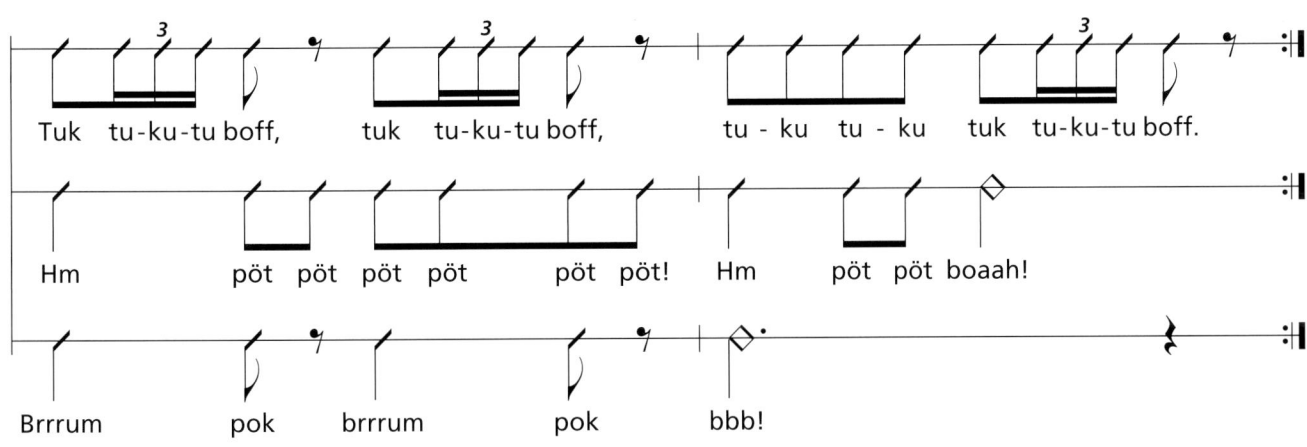

Rrrang
Rhythmusaufbau und Explosivlaute

3 Gruppen

1. Motiv

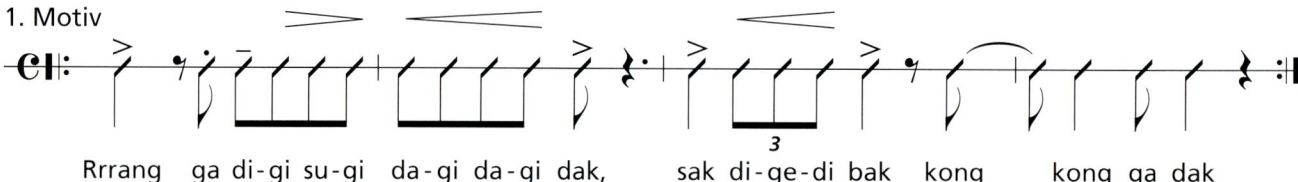

Das R bei Rrrang wird mit einem gerollten Zungen-R auftaktig gesprochen.

2. Motiv

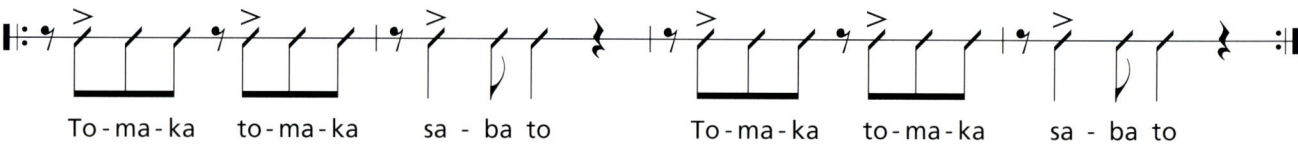

Die Tomaka-Figur wird abspannend gesprochen, möglichst mit abfallender Stimme.

zusammensetzen

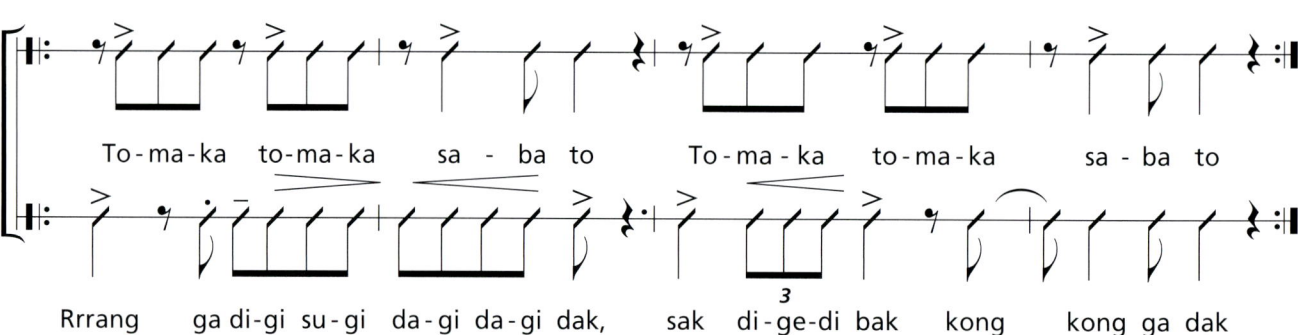

3. Motiv

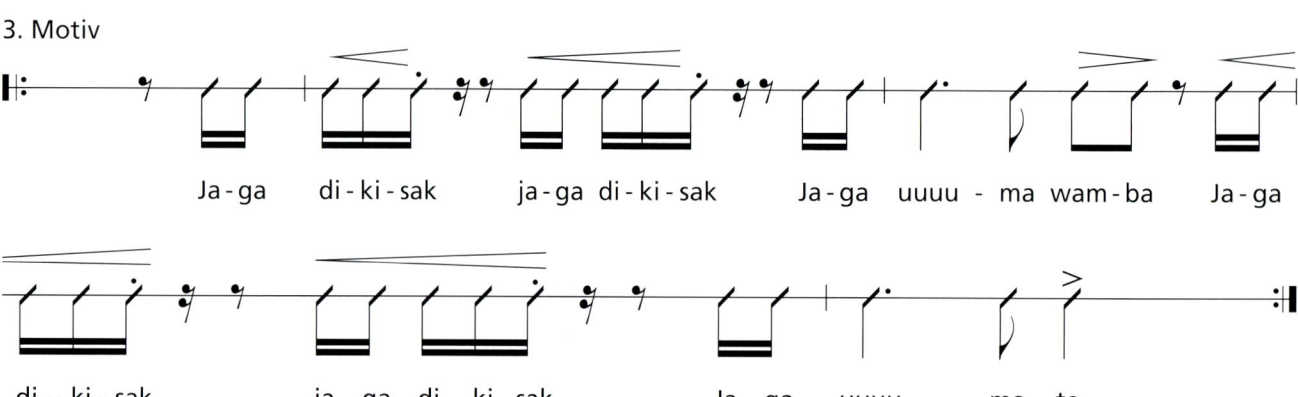

Dieses Motiv verlangt große Zungenfertigkeit. Es sollte mit Leichtigkeit und Präzision gesprochen werden.

alle Motive zusammensetzen

Hung digedi

3er-Einheiten über geradem Takt

3 Gruppen

1. Motiv

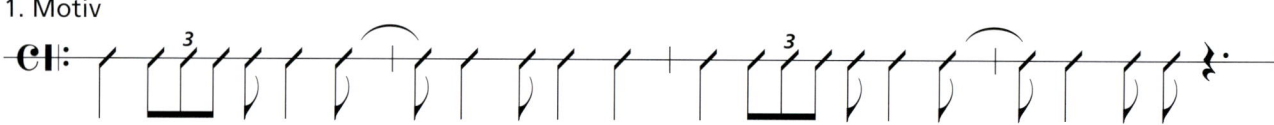

Bei Hung sofort vom u hinüber zum klingenden n wechseln.

2. Motiv

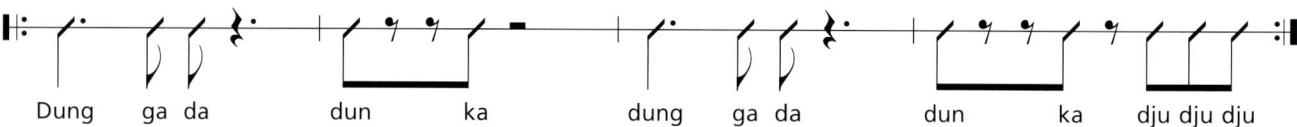

Diese Figur imitiert eine Bass-Drum.

zusammensetzen

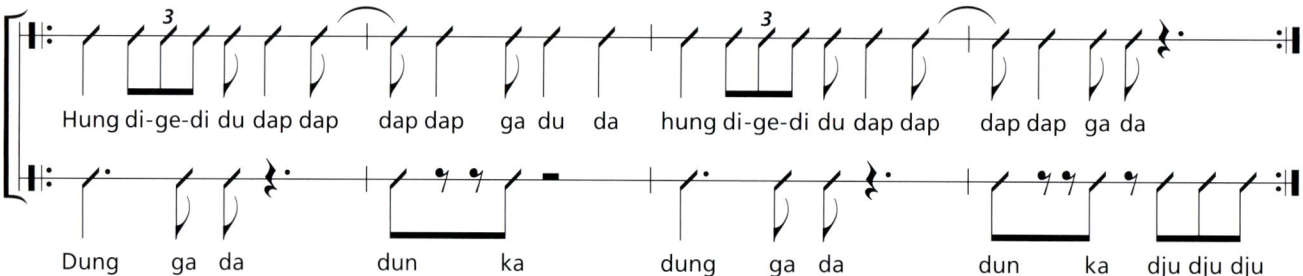

3. Motiv

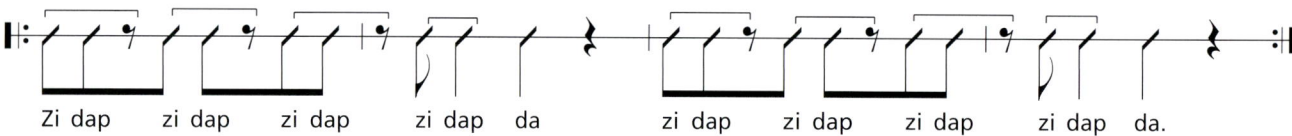

Bei diesem Motiv muss man die 3er-Einheiten souverän herausarbeiten.

zusammensetzen

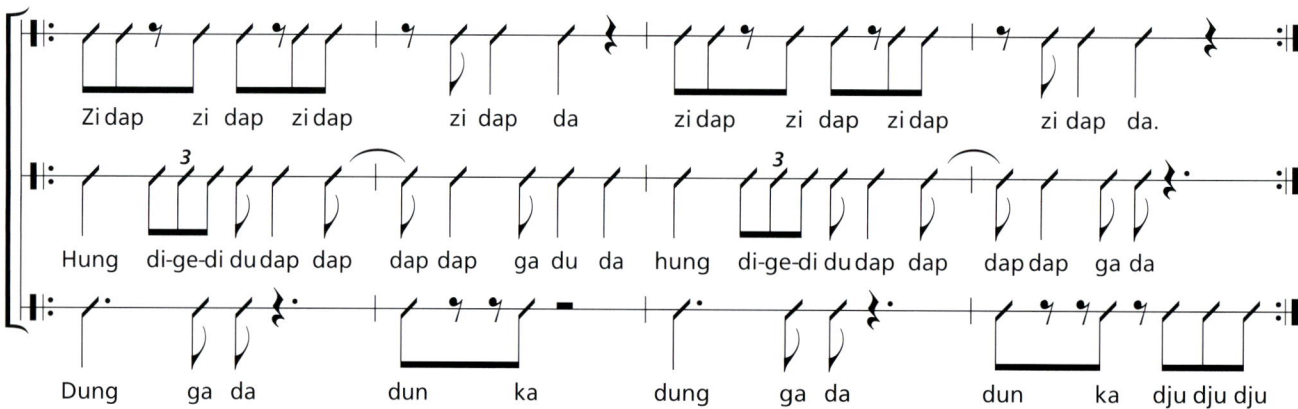

Pata tschikata

Rhythmusaufbau und Explosivlaute

2 Gruppen

1. Motiv

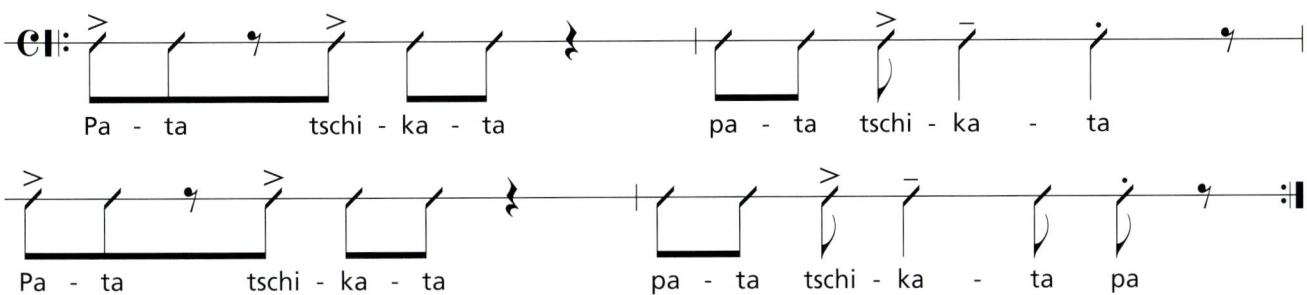

Die Explosivlaute sehr stark betonen, die Kraft vom Zwerchfell aus steuern.
Beim Üben darauf achten, dass die Gruppe nicht schneller wird.

2. Motiv

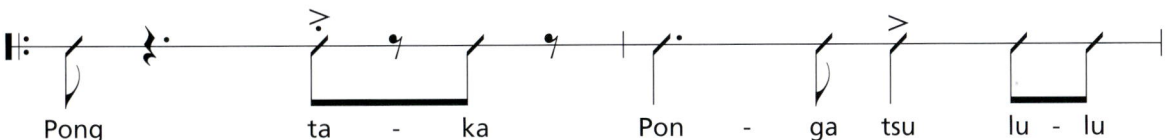

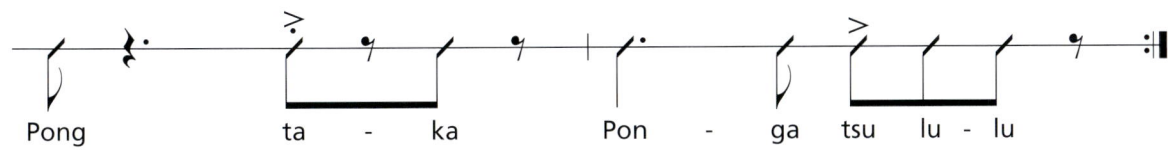

Den Pong-Laut leicht nasalieren und wie ein Trommelfell ausklingen lassen.

zusammensetzen

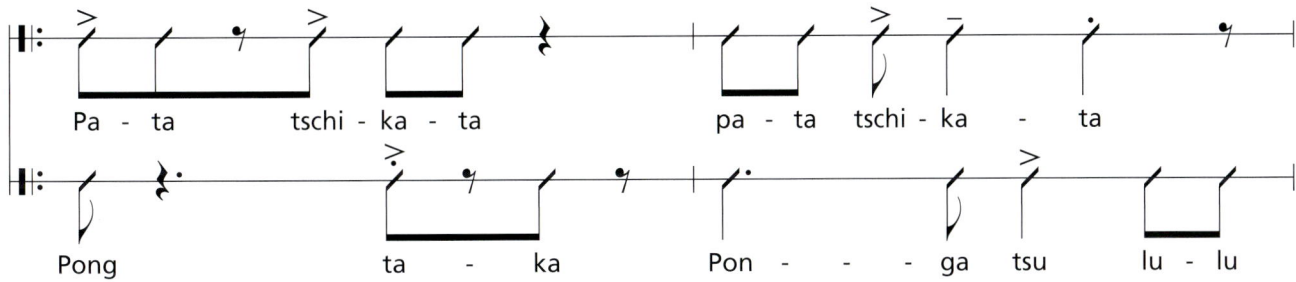

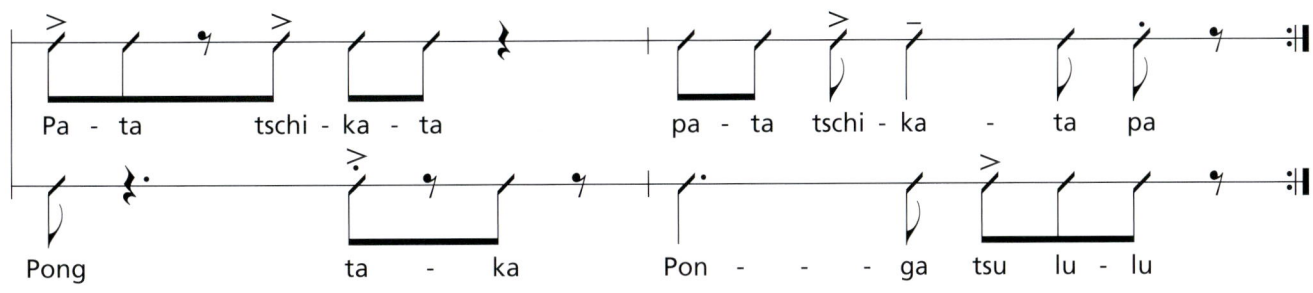

Stop

Rhythmusaufbau, 4tel-Triole und Artikulation

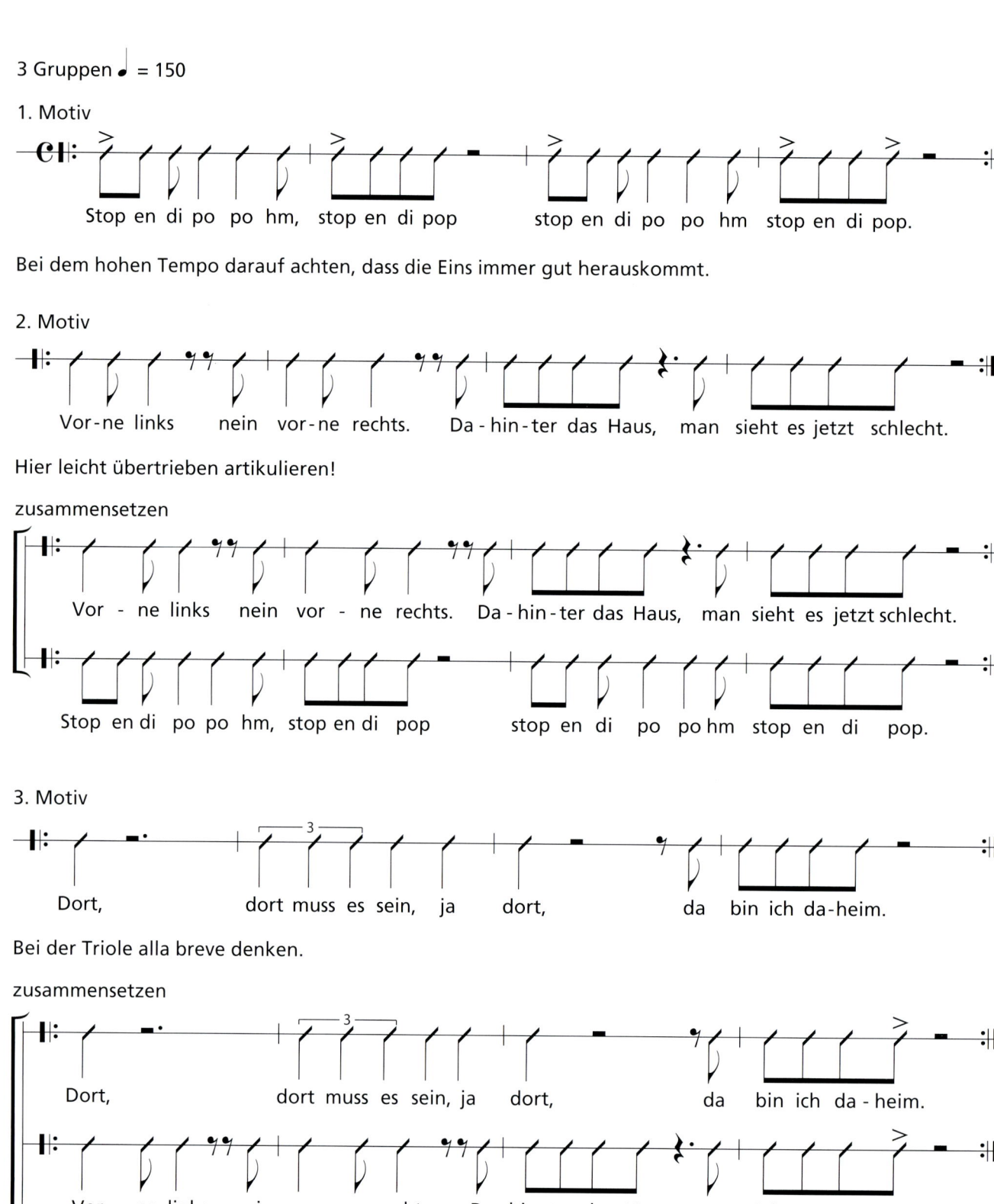

Po kuku da!

Explosivlaute und Synkopenübung

2 Gruppen ♩ = 144

1. Motiv

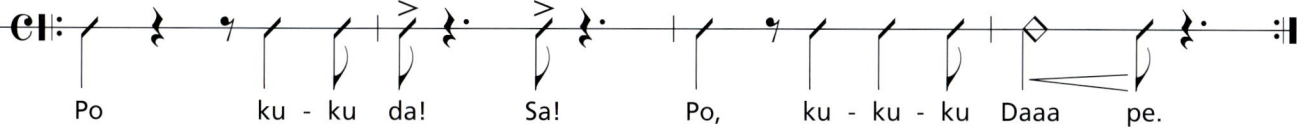

Po   ku - ku   da!   Sa!   Po,   ku - ku - ku   Daaa   pe.

Bei den Synkopen darauf achten, dass sie nicht zu schnell kommen.

2. Motiv

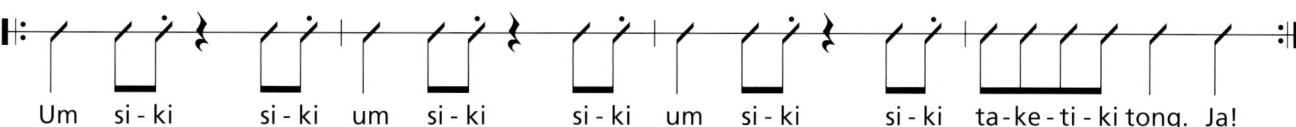

Um   si - ki   si - ki   um   si - ki   si - ki   um   si - ki   si - ki   ta - ke - ti - ki tong.   Ja!

Bei um kurzer Vokal und viel m!

zusammensetzen

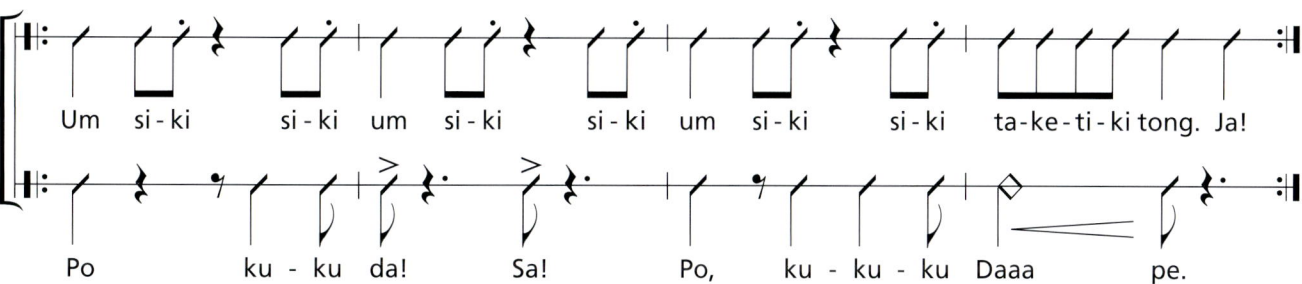

Um   si - ki   si - ki   um   si - ki   si - ki   um   si - ki   si - ki   ta - ke - ti - ki tong.   Ja!

Po   ku - ku   da!   Sa!   Po,   ku - ku - ku   Daaa   pe.

Alle größeren Impulse mit dem Zwerchfell stützen.

Bidebide

Lippen-Zungenkoordination

3 Gruppen ♩ = 130

1. Motiv

Das Tempo sollte an die oberste Grenze gehen, darum bide statt bitte.

2. Motiv

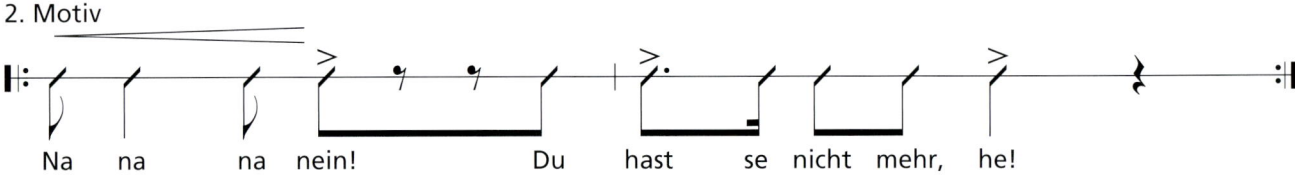

Rhythmisch sehr akzentuiert aussprechen.

zusammensetzen

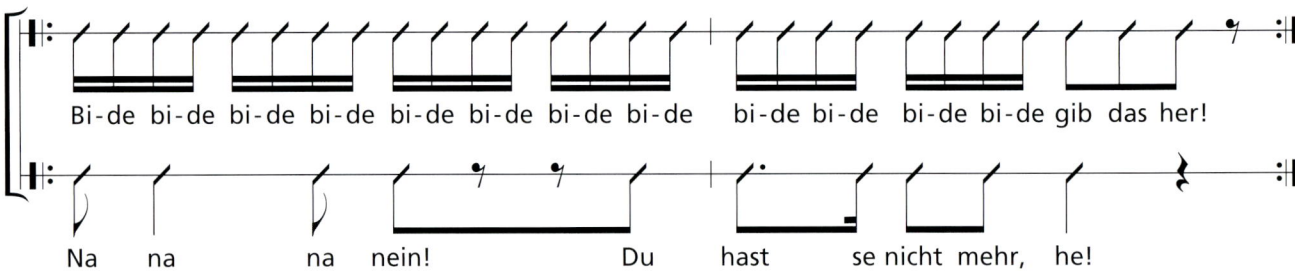

3. Motiv

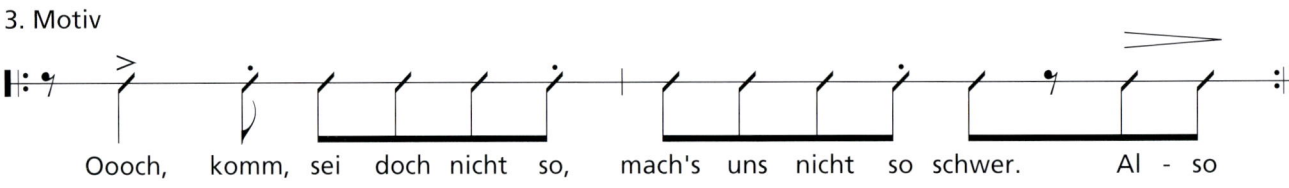

Den Text mit Sprachmelodie sprechen.

zusammensetzen

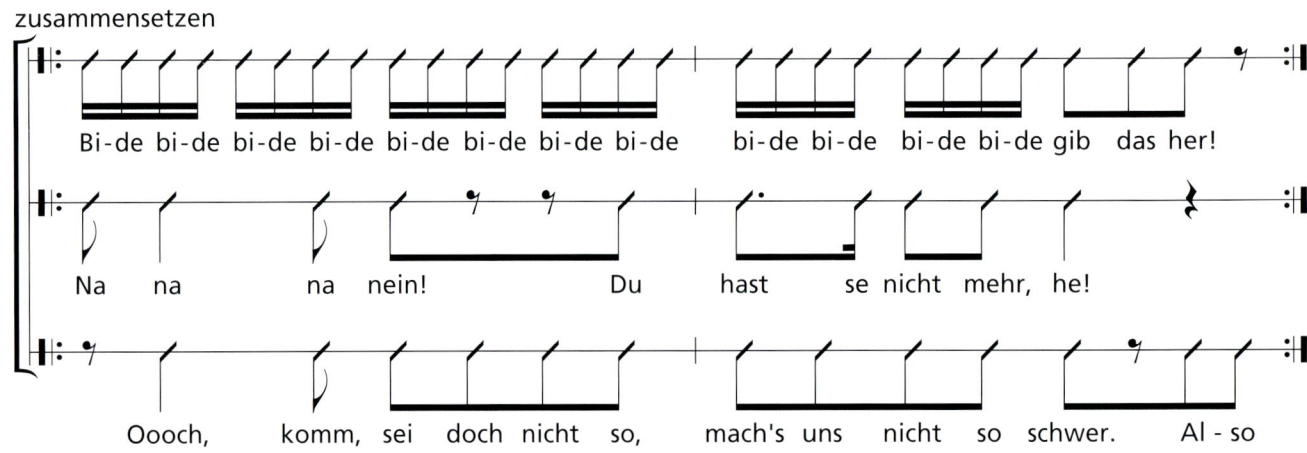

Ba k t gu

Konsonantenübung über einen 5er-Takt

3 Gruppen ♩ = 140

1. Motiv

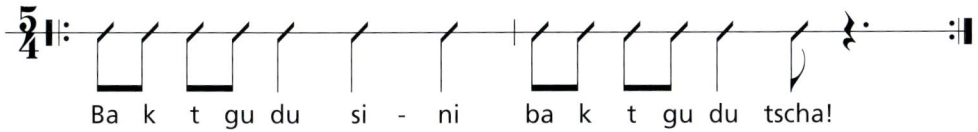

Die Konsonanten werden stimmlos, wie kleine Schlaginstrumente gesprochen.

2. Motiv

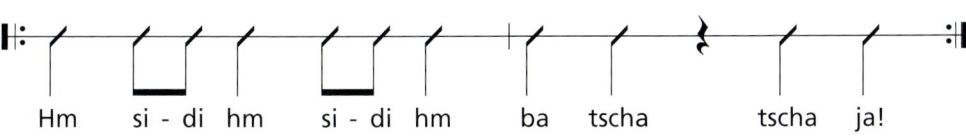

Das hm wird mit Stimme gesprochen, den Klang in die Nase setzen.

zusammensetzen

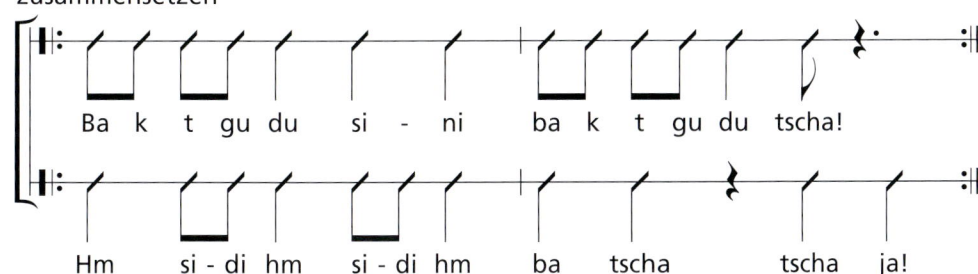

3. Motiv

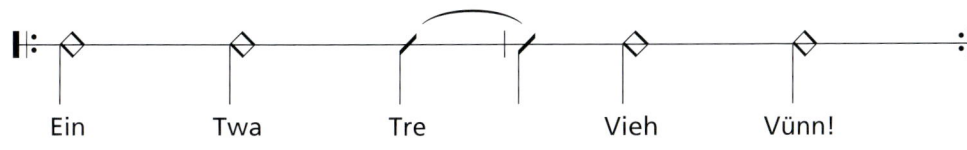

Diese Verballhornung des Zählens sollte sehr akkurat gesprochen werden.

zusammensetzen

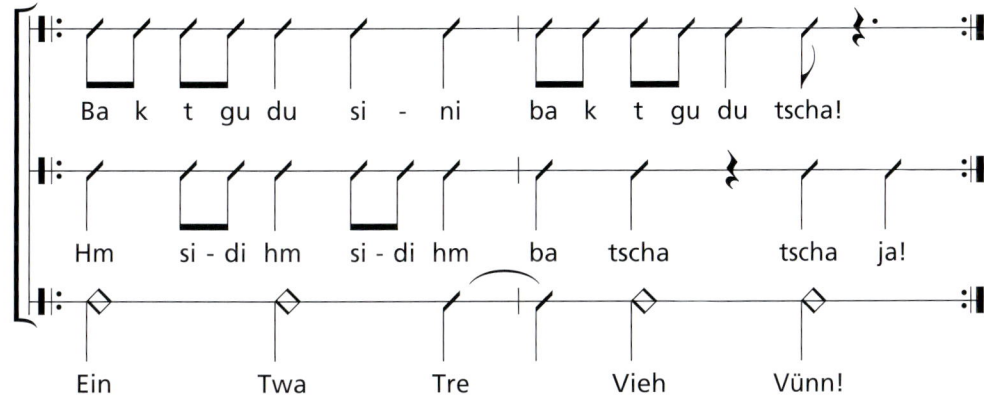

Uli Führe **STIMMICALS 2** © Fidula

He Koko!

Arbeit mit K und T

3 Gruppen

1. Motiv

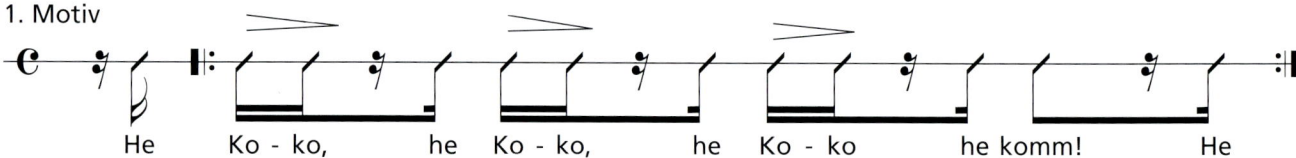

Das erste K von Koko sollte mit leichter Übertreibung gesprochen werden.

2. Motiv

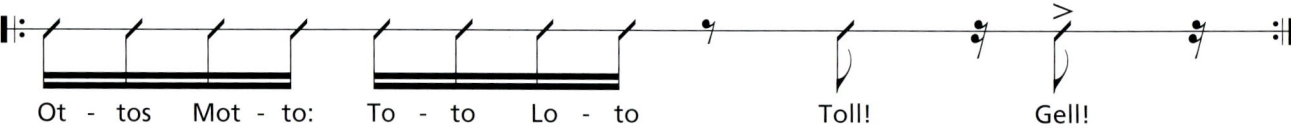

Die Ts klingen wie eine Präzisionsmaschine.

zusammensetzen

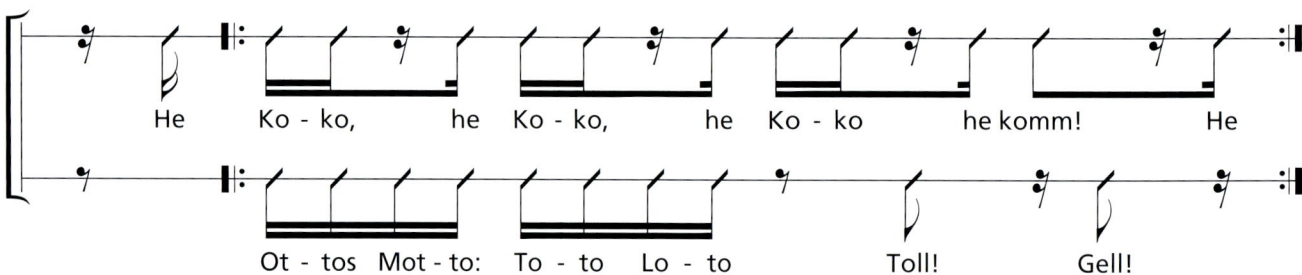

3. Motiv

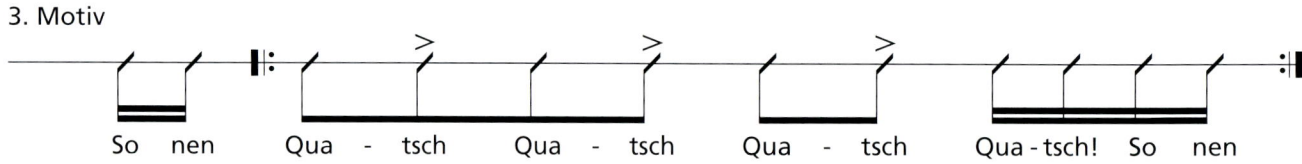

Das tsch hat hier die Funktion eines Off-Beats, daher hervorheben.

zusammensetzen

Intervalle und Dreiklänge

Jedes Intervall benötigt unser Ohr.
Diese Stimmicals schulen das Gehör für
die elementaren Intervalle.

Der glückliche Buddha

Flankenatmung

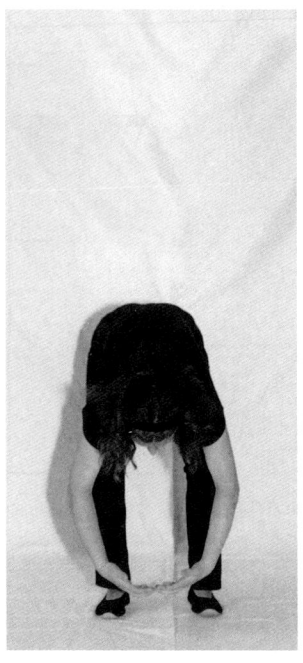
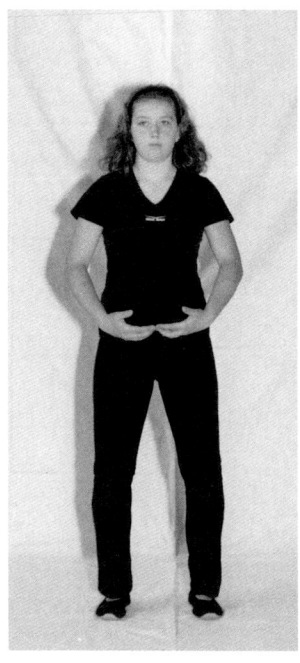

Wir stehen und haben einen großen Glücksbauch vor uns hängen. Mit Ho-Klängen kraulen wir den Bauch von unten. Wir lassen den Bauch nun bis an unsere Füße hinabhängen. Wir bücken uns, um den Bauch von unten nach oben zu holen. Mit langen Ho-Klängen in eigener Tonhöhe (jede Person nimmt sich einen eigenen Ton) stehen wir in leichter Rücklage, weil der Bauch so schwer ist, und klingen so lange wir können. Auch mit Vokalwechseln immer wieder verschiedene Klangräume und Stimmfarben ausprobieren.

Die Erd-Röhre

Atemklang, Öffnung nach unten

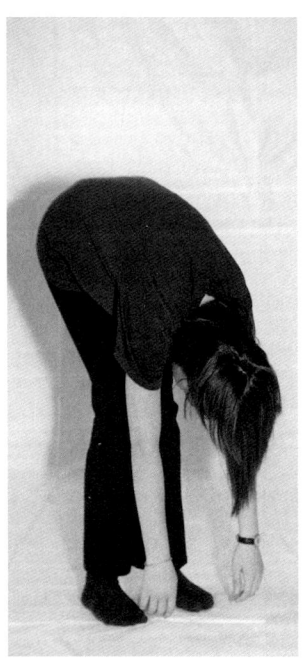

Wir lassen uns nach vorne fallen, sodass die Arme locker ausschwingen können, der Nacken lässt los wie auch die Muskulatur im Rücken. Wir stellen uns vor, wir stehen auf einem Feld, und genau unter unserem Kopf öffnet sich eine tiefe lange Röhre in die Erde hinein. Mit eigenen Klängen – Hö, Hä, Ho, Hu – singen wir in diese Röhre und bei jedem Atemzug geht der Klang ein bisschen weiter in die Erde hinein. Man sollte diese Übung 2 bis 3 Minuten lang machen, um alle angesprochenen Muskeln ‚loslassen' zu können.

Der Kuhpsychologe

Wangenmuskulatur

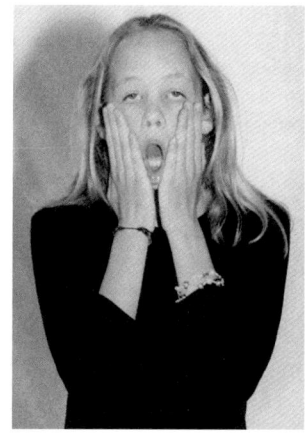 

Die Kuh steht traurig auf der Wiese. Jemand hat gesagt, sie sei nicht so schön wie die anderen Kühe. Der Bauer holt den Kuhpsychologen. Der setzt sich vor die Kuh und nimmt ihre Wangen in die Hände und streift sie massierend nach unten ab. Er sagt dazu: Du bist die schönste Kuh mit der besten Milch.
Wir legen unsere Hände auf die Wangen, lassen den Unterkiefer hängen und massieren die Wangen mit kreisenden Bewegungen. Wir lockern die Kaumuskeln und streifen sie dann nach unten ab. Das wiederholen wir mehrmals.
Wir begleiten diese Selbstmassage mit äh- und öh-Lauten. Wichtig ist die entspannte Grundeinstellung.

Der Nasenbär

Nasenresonanz

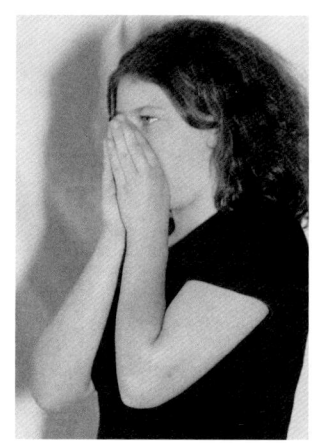

Der Nasenbär nimmt seine Nase zwischen die weichen Tatzen.
Wir nehmen unsere Nase zwischen die Hände wie in Gebetshaltung, summen in die Nase hinein und spüren mit den Fingern den Vibrationen nach. Wir ändern die Tonhöhen und erforschen die unterschiedlichen Vibrationsfelder. Schließlich öffnen wir den Klang zu einem langen Noooo auf eigener Tonhöhe.

Dann öffnen wir leicht die Hände, so als ob unsere Nase größer geworden wäre und lassen den Klang zwischen den Händen sich ausbreiten. Wir merken, wie über die Luft der Schall unsere Handoberfläche zum Vibrieren bringt. Die Nase wird immer größer, die Hände zeigen es an, und wir gehen soweit, bis wir die Handposition erreicht haben, wo wir den schwingenden Klang noch in den Händen spüren.

Die Lehmbodenübung

Lockerung, Erdung

Das neue Haus ist gebaut. Und im Keller hat man einen Lehmboden. Alle aus dem Dorf stellen sich auf den Lehmboden.
Man steht auf dem Vorderfuß und beginnt zu wippen. Das ganze Gewicht wird an den Boden abgegeben. Man kann auch mit Impulsen wippen. Dann lässt man die Stimme dazu klingen: hähähähä, höhöhöhö.
Die Arme hängen. Der Kopf ruht auf der Wirbelsäule.

Dungadu

Quintenbeweglichkeit und Dreiklänge

2 Gruppen

schnipp
Dun - ga du ja dun - ga du

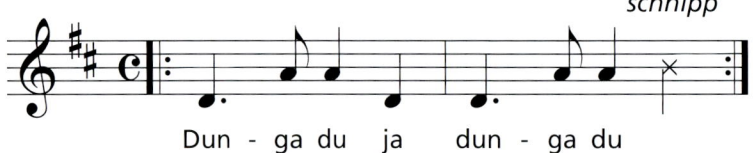

Zuerst wird dieser Ground von allen eingeübt, dann wird der Chor in zwei Gruppen eingeteilt: Gruppe 1 singt den Ground, Gruppe 2 antwortet auf das Solo.

Hier ein paar Beispiele zum Einstieg:

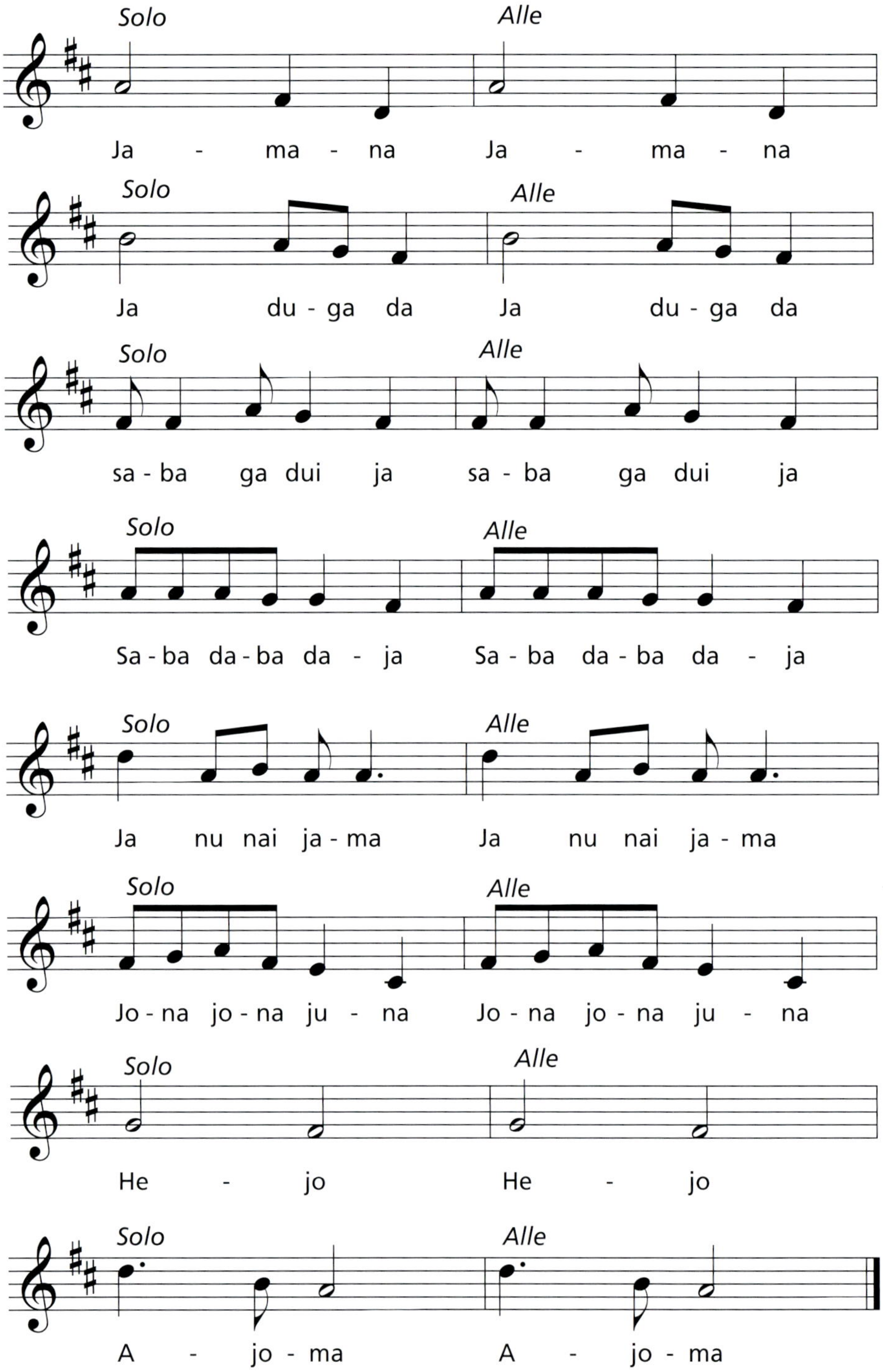
Solo Alle
Ja - ma - na Ja - ma - na
Solo Alle
Ja du - ga da Ja du - ga da
Solo Alle
sa - ba ga dui ja sa - ba ga dui ja
Solo Alle
Sa - ba da - ba da - ja Sa - ba da - ba da - ja
Solo Alle
Ja nu nai ja - ma Ja nu nai ja - ma
Solo Alle
Jo - na jo - na ju - na Jo - na jo - na ju - na
Solo Alle
He - jo He - jo
Solo Alle
A - jo - ma A - jo - ma

Mit eigenen Klingern dieses Modell fortführen.

Gruppen tauschen!

Jodelda

Stimmaufbau mit Dreiklangsmotiven

bis zu 4 Gruppen

1. Motiv

Bei der Tonwiederholung darauf achten, dass die Tonhöhe nicht schwankt.

2. Motiv

Die Tonsprünge genau treffen und mit Leichtigkeit singen.

zusammensetzen

3. Motiv

Die Dreiklänge ganz sauber singen, sofort die Töne treffen.

und zusammensetzen

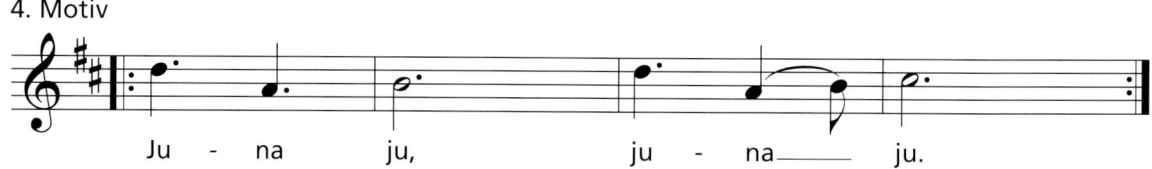

4. Motiv

Ju - na ju, ju - na ju.

Den Spitzenton vor dem Singen im Mund und Kehlkopf schon gedanklich vorbereiten.
Wie fühlt er sich an? Wie muss die innere Mundstellung sein?
Mit einem leichten Gähngefühl als Vorbereitung.

und schließlich zusammensetzen

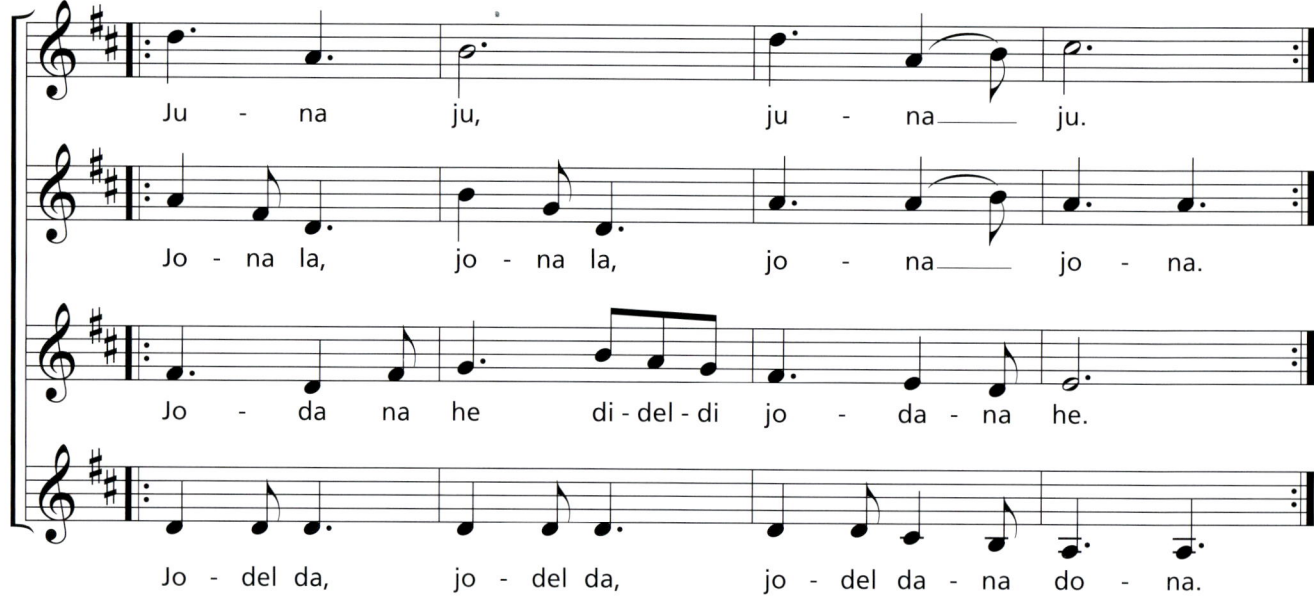

Ju - na ju, ju - na ju.

Jo - na la, jo - na la, jo - na jo - na.

Jo - da na he di - del - di jo - da na he.

Jo - del da, jo - del da, jo - del da - na do - na.

Honga mom baja

Quintensprung aufwärts, Quartsprung abwärts

1. Motiv

Brustiger Ansatz bei Honga!

2. Motiv

Die Phrase sollte, wenn möglich, auf einem Atem gesungen werden.

zusammensetzen

3. Motiv
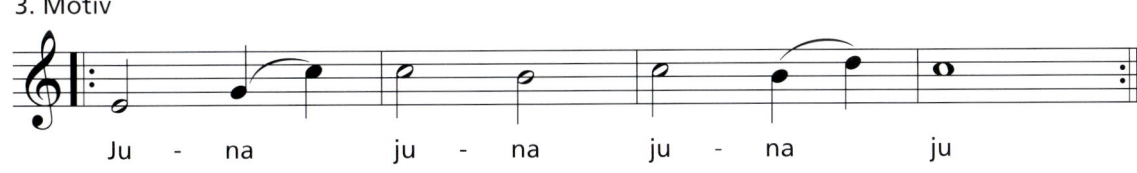

Die Verbindung zum beginnenden e sollte vom Sitz her nie abreißen.

zusammensetzen

Qjuna

3-stimmiger Aufbau, Klanghomogenität, Chromatik

3 Gruppen ♩ = 120

1. Motiv

Genau darauf achten, dass sich der Rumbarhythmus nicht mit der Zeit verschleift.
Den chromatischen Schritt nicht zu eng nehmen.

2. Motiv

Linie aufbauen mit möglichst weiten Atembögen, bei den Zieltönen nicht zu tief landen.

zusammensetzen

3. Motiv

Das e aus dem h-Klang- und Ansatzraum heraus klingen lassen. Die Höhe möglichst ohne Anstrengung erreichen. Bei der Schlussklausel nicht zu tief auf dem h landen.

zusammensetzen

Für die entstehenden Harmonien dient das liegende e als Kontrollton, auf den die unteren beiden Gruppen hören sollten.

Dungudu

Quintsprünge, Beweglichkeit, Terzfallsequenz, gebrochene Dreiklänge

3 Gruppen

1. Motiv

Dun - gu du - ja, dun - gu du, dun - gu du - ja dun - gu du,
dun - gu du - ja, dun - gu du, du - ja da - na.

Bei Dun die Verbindung zwischen Brustbein und Schädeldecke schwingen lassen.

2. Motiv

Mu - ja mu, mu - ja mu, mu - ja mu du - ja da - na.

Bei dieser Phrase einen sehr sinnlichen Maskenklang entfalten.

zusammensetzen

Mu - ja mu, mu - ja mu,
Dun - gu du - ja, dun - gu du, dun - gu du - ja dun - gu du,

mu - ja mu du - ja da - na.
dun - gu du - ja, dun - gu du, du - ja da - na.

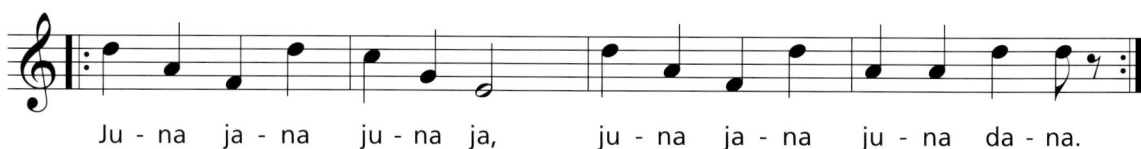

zusammensetzen

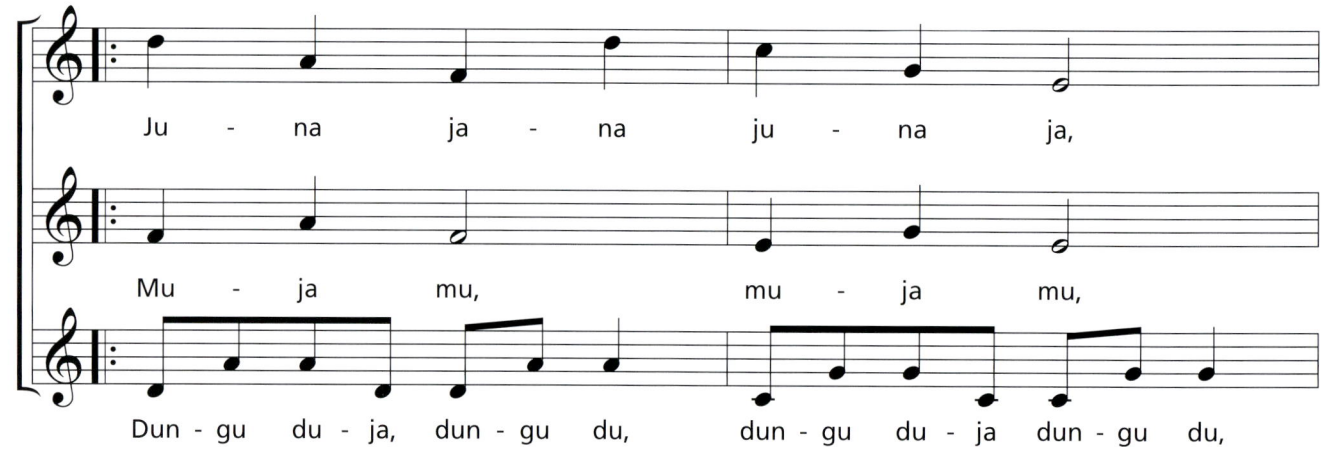

Tomba sunaja

3-stimmiger Aufbau, Synkopen und Höhe mit Ethnomotiven

3 Gruppen

 1. Motiv

Den Viererpuls gut innerlich mitlaufen lassen,
evtl. den Puls mit dem Daumen auf der Innenhand mitschlagen lassen.

 2. Motiv

Quintsprung sauber angehen, anschließende Sexte hoch genug.

zusammensetzen

 3. Motiv

Das O von Ojana mit einem leichten h einschwingen lassen, keine harten Glottisansätze,
das fis aus dem vorigen a heraus klingen lassen (trotz der hohen Geschwindigkeit).

zusammensetzen

Über Es- und E-Dur bis F-Dur steigern, bei geübten Gruppen bis B-Dur.

Go Dudijak

Chromatik, Sekundreibungen, Rhythmus bis 4 Gruppen

swing ♩ = 144

1. Motiv

Saubere s Swingtempo erarbeiten.

2. Motiv

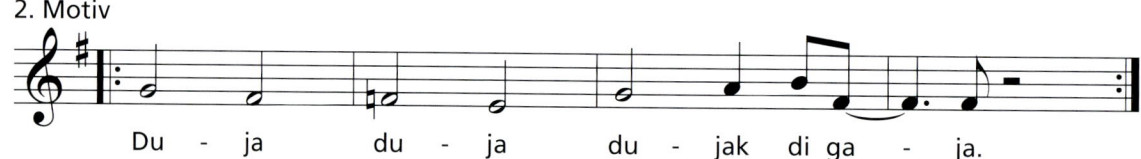

Bei der Chromatik sehr große Halbtöne singen.

zusammensetzen

3. Motiv

zusammensetzen

4. Motiv

Jo - na   jo - na jak di ja - na. Jo

Das e aus dem h heraus klingen lassen, nicht pressen!

zusammensetzen

Geläufigkeit

Schnell und viele Töne sauber zu singen erfordert Training.
Diese Stimmicals erweitern die stimmliche Vitalität.

Luftstangen schieben

Atem und Körperspannung

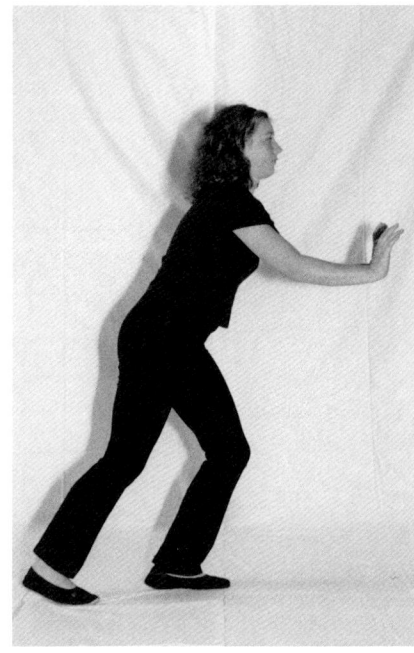

Wir stehen wie Karatekämpfer in aktiver Spannung, die Arme und Hände befinden sich in einer Haltung, als ob wir gleich etwas ganz Schweres nach vorne schieben müssten. Wir schieben nun mit einem langen fffff mit unserem rechten Handballen auf der Höhe unterhalb des Sonnengeflechtes eine Luftstange nach vorne (Ausatmen). Wir machen die Bewegung dann rückwärts, sodass wir wieder in die Ausgangsposition kommen (Einatmen). Dann fahren wir mit der linken Hand fort. Wir schieben insgesamt jeweils 6 Luftstangen nach vorne.
Der Körper sollte ganz beteiligt sein, denn die Luftstangen bieten gehörigen Widerstand.

Das Geheimnis der Königin

Zungendehnung, Kehlkopfentlastung

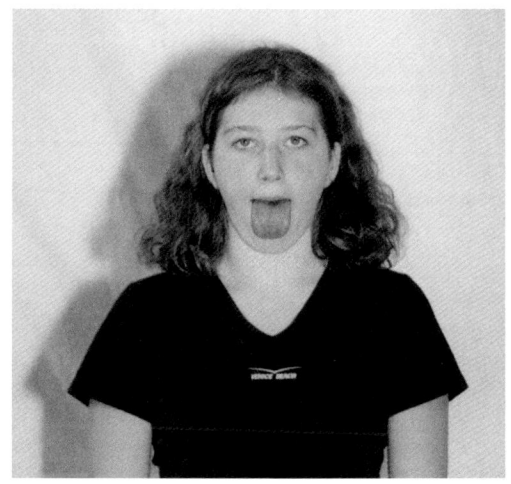

Die Königin hat ein Geheimnis. Sie hat sich piercen lassen. Und zwar ganz hinten in die Zunge. Jeden Morgen geht sie zum Spiegel, und wenn gerade niemand schaut, dann betrachtet sie darin ihr Schmuckstück.
Sie streckt die Zunge ganz weit heraus und kommt mit der Zungenspitze fast bis zum Kinn.
Diese Übung wird 4-mal durchgeführt.

Der Fingerkorb und der verschenkte Duft

Atem und Dehnen

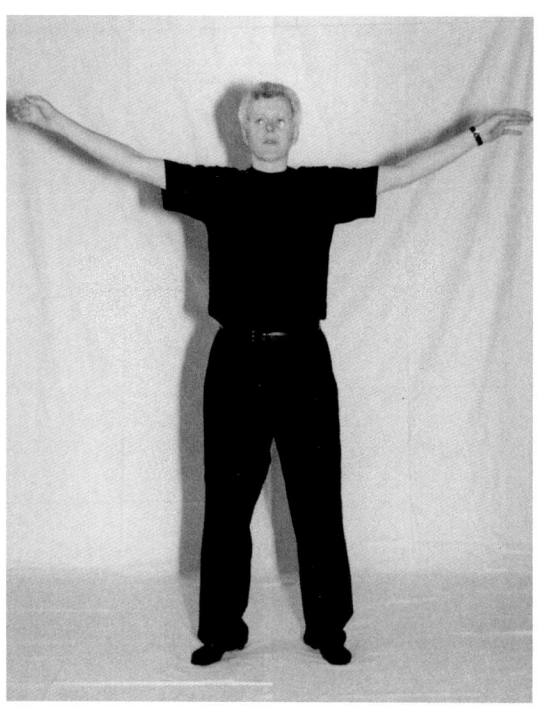
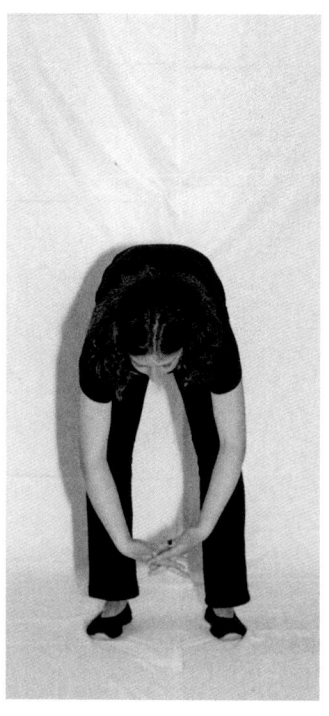

Mit weit ausladender Bewegung greifen wir nach unten, so als ob wir einen großen Haufen Heu aufnehmen wollten. Unter dem Haufen verschränken wir unsere Finger ineinander, sodass aus beiden Händen eine flache Schale entsteht. Im Aufrichten führen wir diese zur Nase und atmen gleichzeitig Richtung Handflächen aus.

Nun drehen wir den Schalenboden nach unten, führen ihn am Körper entlang hinab, dann im Bogen nach oben bis über unseren Kopf, wo wir schließlich den Duft dem Wind übergeben, auf dass er in die weite Welt fliege. Bis hierhin geht die Ausatmung. Also gut einteilen.

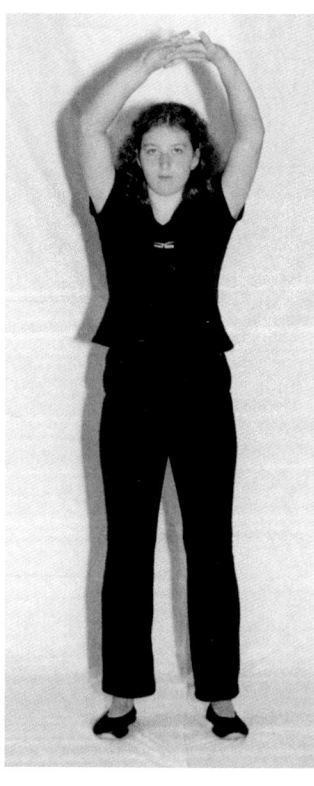

Nun beginnt der Richtungswechsel. Die Bewegung wird genau rückwärts ausgeführt: Wir atmen ein, bis die Hände wieder unterhalb der Nase sind. Beim Absenken der Hände atmen wir wieder aus.
Wir führen diese Bewegung 8- bis 10-mal aus, wobei wir oben über unserem Kopf immer ein bisschen weiter nach hinten gehen. Aber nie mit Kraft, sondern nur soweit es geht.

Der Zitteraal

Lockerung aller Körperpartien

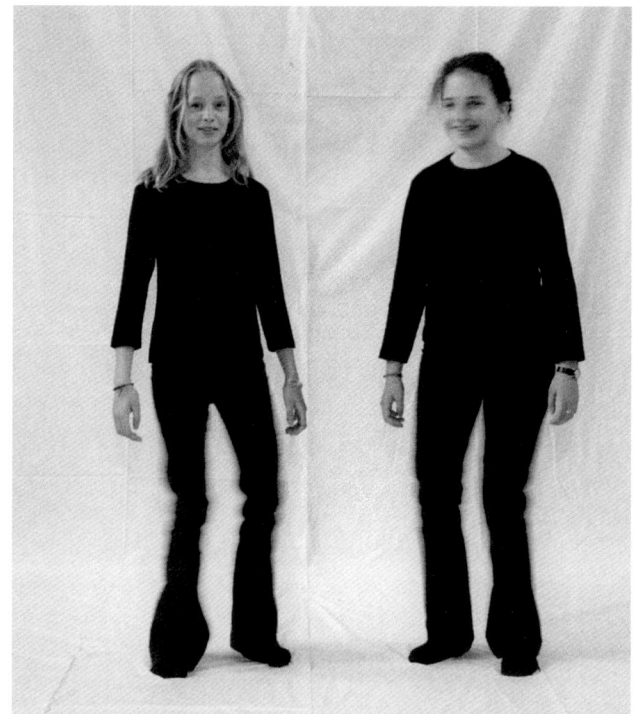

Wir stehen in einem schönen, warmen See. Da entdeckt plötzlich ein freundlicher Zitteraal unser rechtes Bein. „Oh, ein schönes Hosenbein", denkt er sich und er kriecht hinein. Als er am Knie ankommt, beginnen wir dieses Knie zu schütteln, damit der Zitteraal wieder aus dem Hosenbein verschwindet. Er jedoch ruft seinen Bruder, der in das andere Hosenbein kriecht. Wir schütteln abwechselnd die Knie, schließlich beide zusammen. Beide Aale sind sehr freundlich und friedlich, sie tun niemandem etwas.

Dann kriechen sie gemeinsam höher und treffen sich im Hüftbereich und zittern. Wir schütteln die Hüften. Von dort geht es an der Wirbelsäule entlang nach oben, und beide kriechen kurz unter die Schulterblätter und denken: „Hui, das sind schöne Dächlein!" und zittern. Wir schütteln die Schultern.
Sie trennen sich, und jeder bewegt sich an einem Arm hinab. Wir schütteln die Arme. Über die Hände gleiten sie zurück in den See, und wir streifen die Hände ab.

Sabadap

Kanon zur Geläufigkeit

Sa-ba dap sa-ba dap sa-ba dap du-ju sa-ba dap sa-ba dap du-ja-da.

sehr leicht nach oben singen

zwei Gruppen

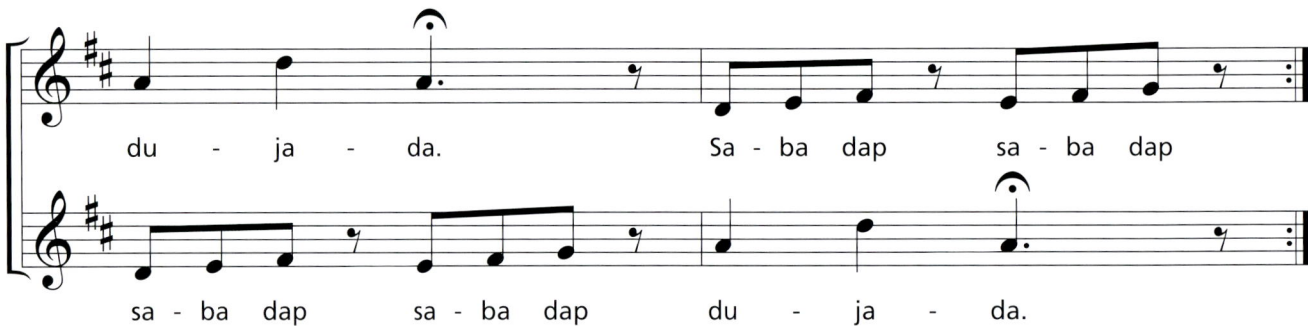

Zuerst die Melodie zweimal durchsingen lassen, dann sofort eine Gruppe beginnen lassen, die andere Gruppe setzt einen Takt später ein. Nach zwei Durchgängen auf der Fermate enden. Dann die neue Tonart angeben. Man lässt den Chor bis As-Dur steigen.

Dumba daja

Kanon für Geläufigkeit und Höhenaufbau

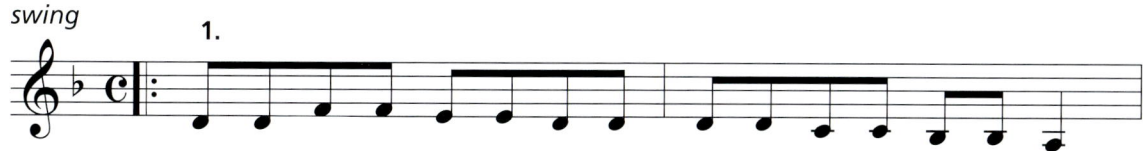

2. Version mit Motiven in doppelter Länge, sinnvoll für die erste Übungsphase

Lumumba

4-stimmiger Aufbau, Bruststimme, Linie und Skala

bis zu 4 Gruppen

Brustklang mit leichtem Gähngefühl

Linie aufbauen mit möglichst weiten Atembögen

zusammensetzen

Die Linie der „Könige", d.h. wie eine Königin stehen!

zusammensetzen

4. Motiv

Bei der absteigenden Linie auf die Zieltöne achten, ständige Kontrolle, ob man noch richtig im Satz ist.

zusammensetzen

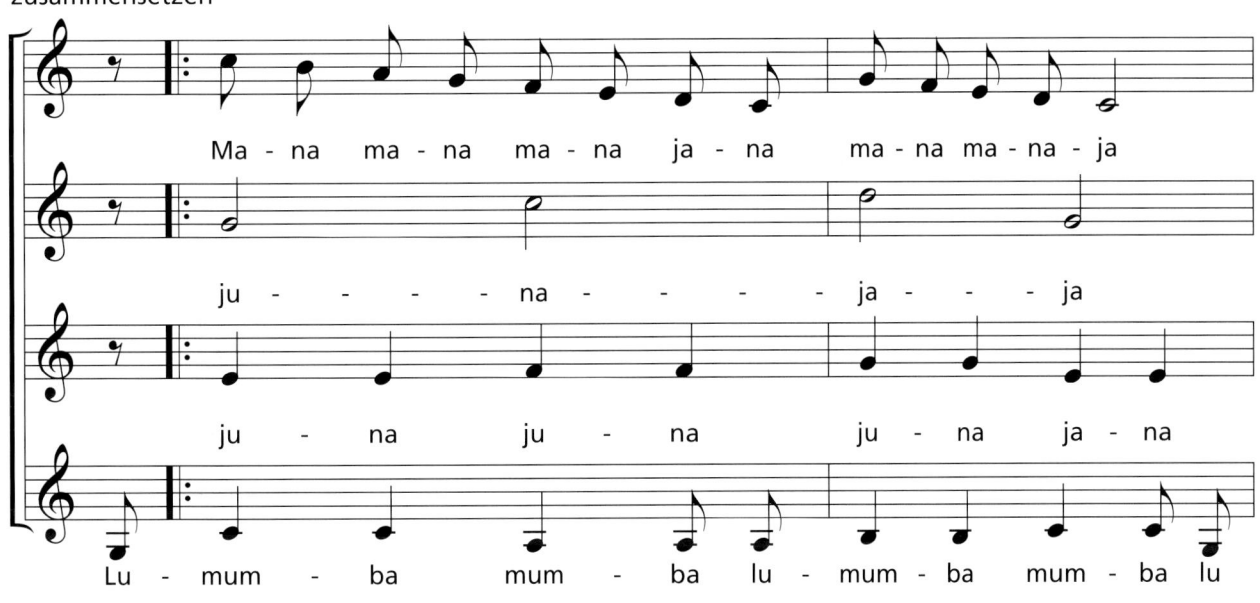

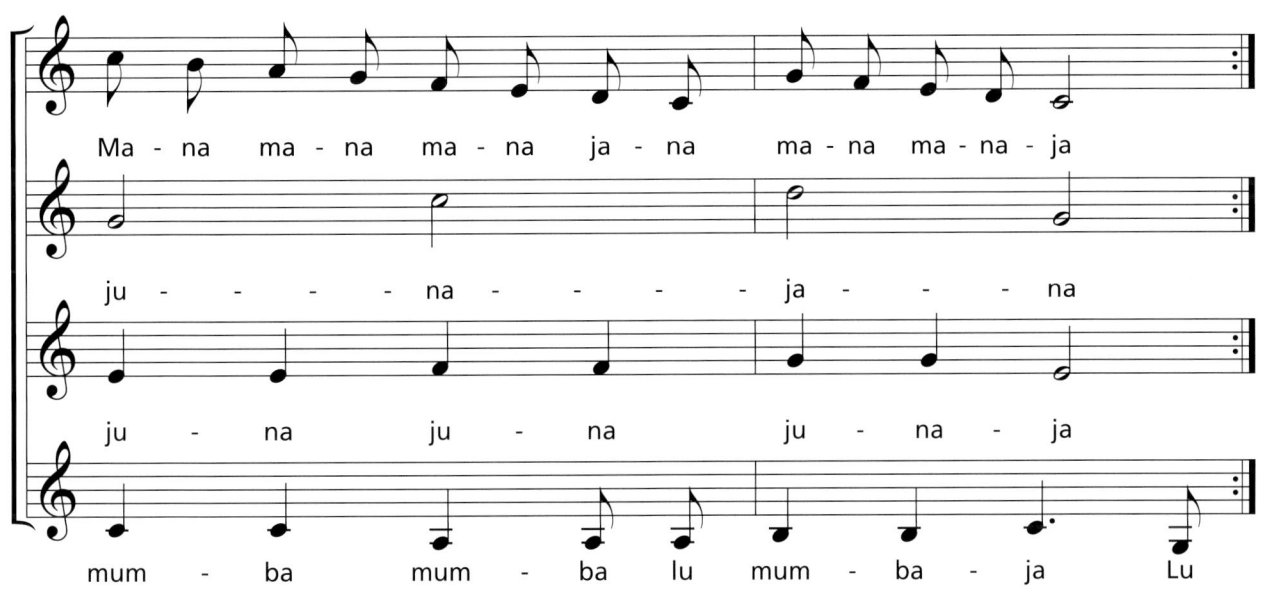

Uli Führe **STIMMICALS 2** © Fidula

Dugadaba
Geläufigkeit und Höhenaufbau

erst beim 2. Mal ausklingen lassen

Du-ga da-ba dap da-ga du - ja, du-ga da-ba dap da-ga da,

Als Kanon im Abstand von zwei Vierteln, einfachere Art.

du-ga da-ba dap da-ga du - ja, du-ga da-ba dap da-ga da,

(da) du-ga da-ba dap da-ga du - ja, du-ga da-ba dap da-ga da,

Als Kanon im Abstand von einem Viertel, anspruchsvollere Art.

du-ga da-ba dap da-ga du - ja, du-ga da-ba dap da-ga da,

du-ga da-ba dap da-ga du - ja, du-ga da-ba dap da-ga da,

Nach und nach höher anstimmen bis a oder b.

du-ga da-ba dap da-ga du - ja, du-ga da-ba dap da-ga da,

usf.

(da) du-ga da-ba dap da-ga du - ja, du-ga da-ba dap da-ga da,

Onga onga
Intervalle und absteigende Linie

3-4 Gruppen

1. Motiv

Die rhythmische Struktur sollte entspannt, aber genau klingen. Jeweils 4 Takte auf einem Atem.

2. Motiv

Jeweils 4 Takte auf einem Atem singen und darauf achten, dass die Zieltöne d, g, c und a nicht zu tief werden

zusammensetzen

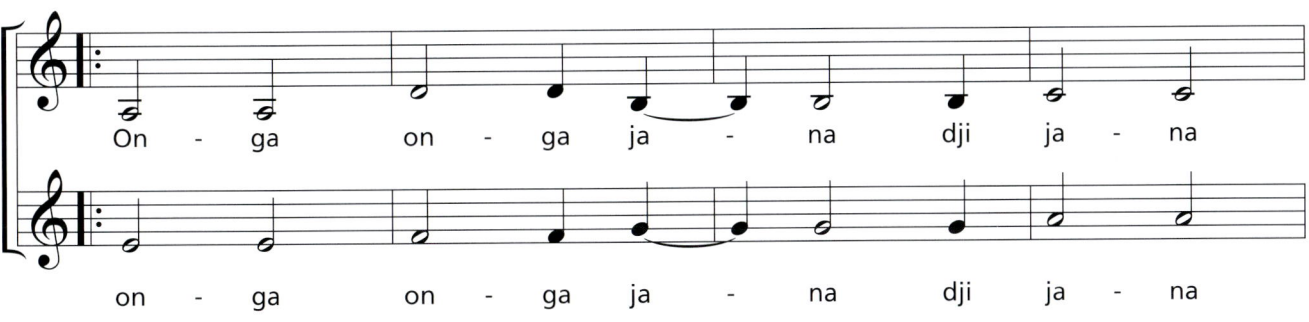

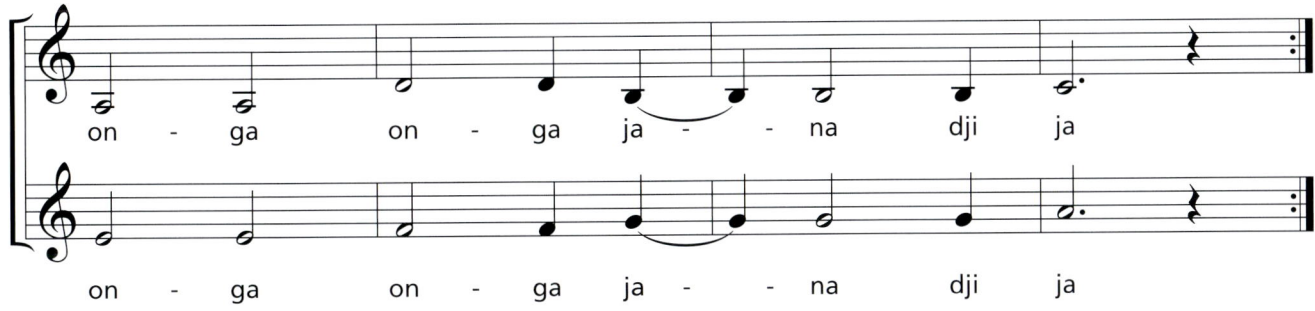

Uli Führe **STIMMICALS 2** © Fidula

3. Motiv

zusammensetzen

4. Motiv

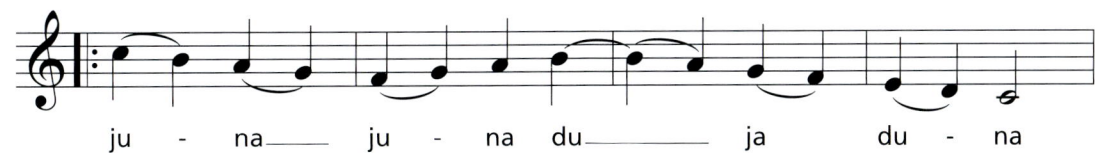

ju - na___ ju - na du___ ja du - na

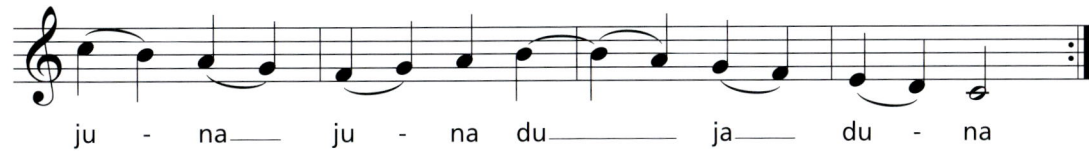

ju - na___ ju - na du___ ja du - na

Dieses Motiv kann man gegebenenfalls noch dazu nehmen.

zusammensetzen

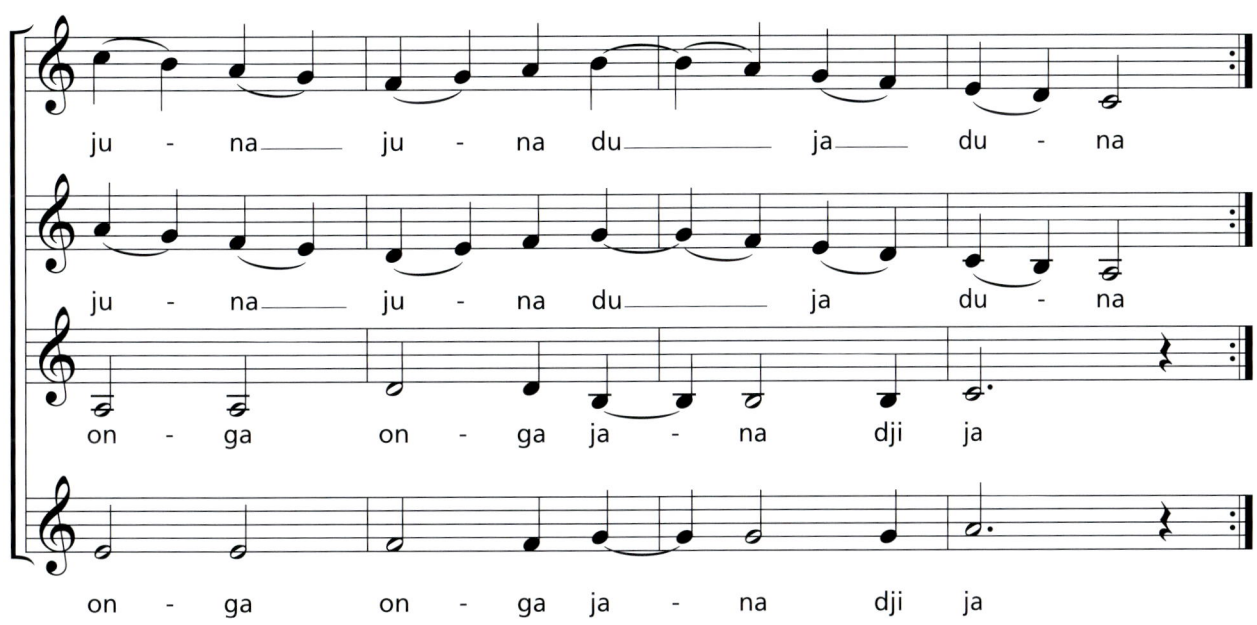

Saba

3-stimmiger Aufbau, Geläufigkeit

swing ♩ = 150

1. Motiv

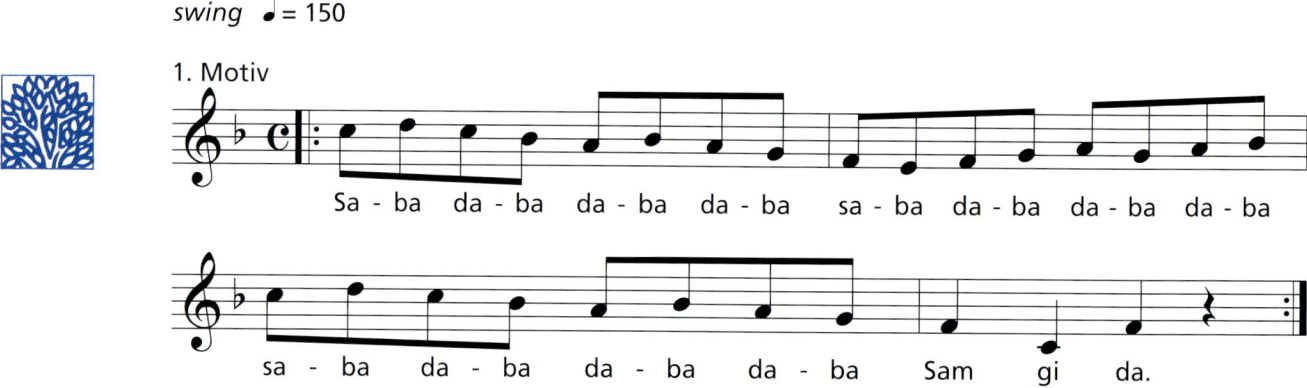

Die Geschwindigkeit wird langsam gesteigert. Nicht jeden Ton voll aussingen, sondern die Tonzentren c-a-f-a-c-a-f genau treffen.

zum Kanon zusammensetzen

2. Motiv

Das harmonische Stützmotiv sollte posaunenartig gesungen werden. Die Terzsprünge müssen gut sitzen.

Für den Ausbau der Höhe geht man Tonart für Tonart weiter bis B-Dur.

Hoja hoja
Aufbau mit Moll-Skala

3 Gruppen

1. Motiv

Dieses Sekundfallmotiv wie beim Stöhnen abschleifen. Bauchiger Klang.

2. Motiv

Das 2. Motiv sollte genau geführt werden, keine Stöhnschleifer.

du - ja du - ja

Beide Motive zusammensetzen

du - ja du - ja

Ho - ja ho - ja

3. Motiv *swing*

du-ga du-ga ja du-ga ja du-ga ja

Dieses aufsteigende Motiv sollte geschmeidig gesungen werden.
Die Intonation der Zieltöne auf den Vierteln sollte man genau kontrollieren.

du-ga du-ga ja du-ga ja du-ga ja

du - ja du - ja

Ho - ja ho - ja

Nun alle drei Motive zusammensetzen.

Gruppen tauschen

Uli Führe **STIMMICALS** 2 © Fidula

Sevensteps
Sieben Motive zu Stimmaufbau, Intervalle und Geläufigkeit

1. Motiv

ruhig und entspannt

2. Motiv

Die achttaktigen Perioden bleiben erhalten.

Auf die Intervalle achten.

3. Motiv

geschmeidig, nicht mit Kraft

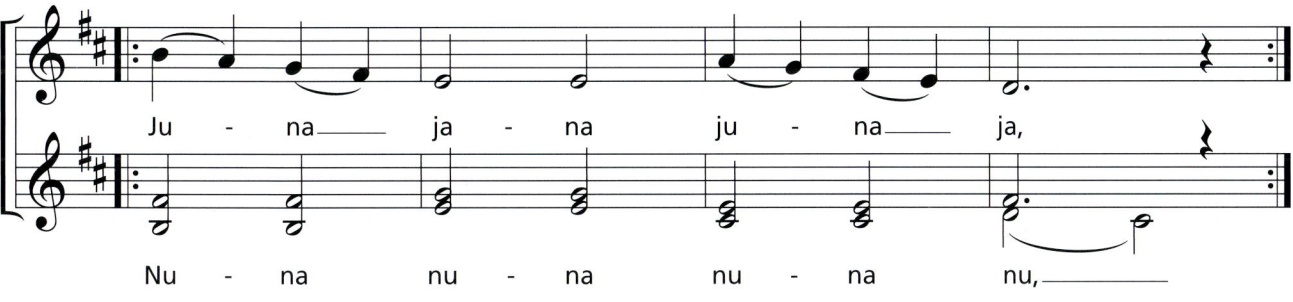

4. Motiv

5. Motiv

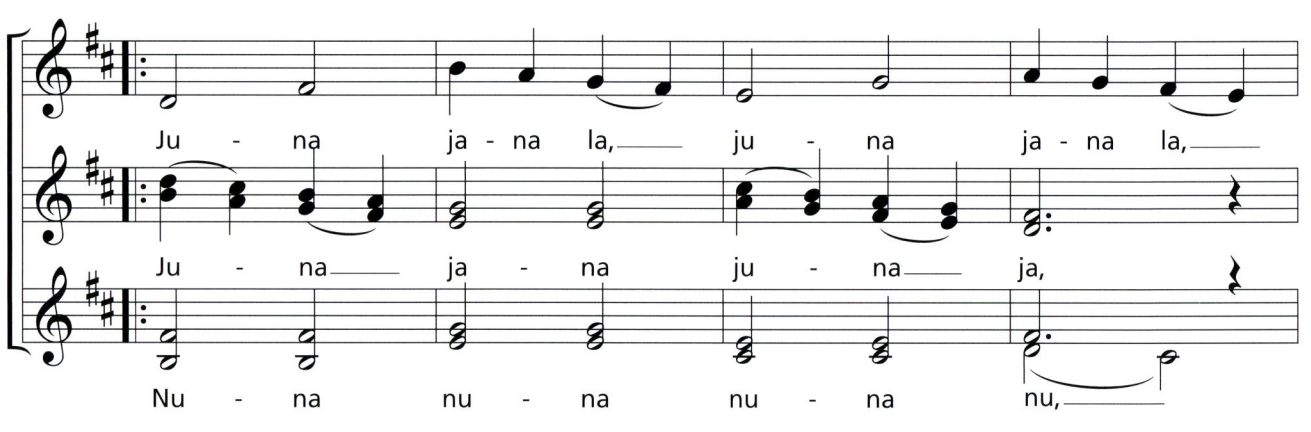

Auf die Intervallsprünge achten, hoch genug!

Bei dieser Satzdichte ist die Durchhörbarkeit das oberste Ziel.

Homogener Klang

Bei jedem Chor steht der homogene Klang an oberster Stelle.
Diese Stimmicals zielen auf die Ausbildung dieser Qualität.

Die Atemkreisel

Atemzentrierung im Becken

Unser Becken ist eine Schale, die zur Hälfte mit angenehm temperiertem Wasser gefüllt ist. Wir kreisen behutsam das Becken und achten darauf, dass das Wasser nicht aus dem Becken schwappt. Wir werden immer weiter, und das Wasser massiert angenehm die Innenwände des Beckens.
Wir lenken die Aufmerksamkeit auf den Atem.
Wo ist unser Einatempunkt? An welcher Stelle atmen wir gerne aus? Nach ca. 2 Minuten wechseln wir die Drehrichtung.
Wir nehmen uns Zeit, bis wir die neue Richtung verinnerlicht haben, dann beobachten wir unseren Atem wie oben beschrieben.
Wenn wir die Qualitäten der beiden Bewegungsrichtungen in uns aufgenommen haben, vergleichen wir sie. Gab es einen Unterschied zwischen Rechts- und Linksdrehung?
Wenn nötig, wiederholen wir die beiden Richtungen, sodass sich jeder auf seine bevorzugte Richtung konzentrieren kann.

Es gibt drei Gruppen:

Gruppe 1: Diese bevorzugt die Linksdrehung, manche Teilnehmer entdecken sogar einen bestimmten Einatempunkt, z.B. genau wenn sie am hintersten Punkt sind

Gruppe 2: Diese bevorzugt die Rechtsdrehung, auch hier gibt es Einatemstellen.

Gruppe 3: Für diese Teilnehmer sind beide Richtungen gleichwertig.

Wenn man diese Atempunkte für sich entdeckt hat, dann kann man sie beim Singen (Chor/Solo) unmerklich einsetzen.

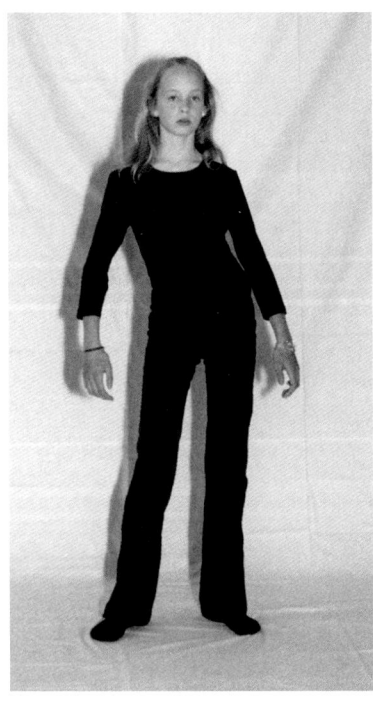
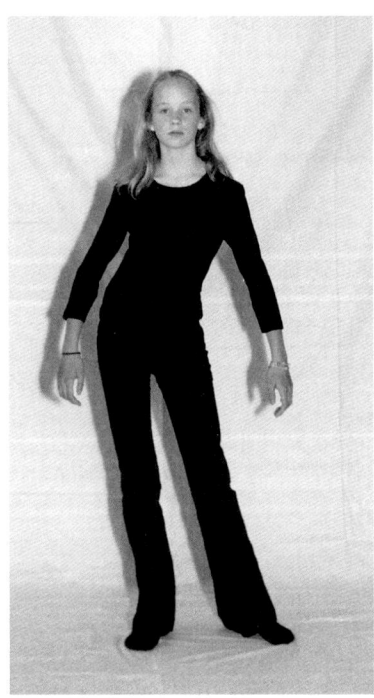
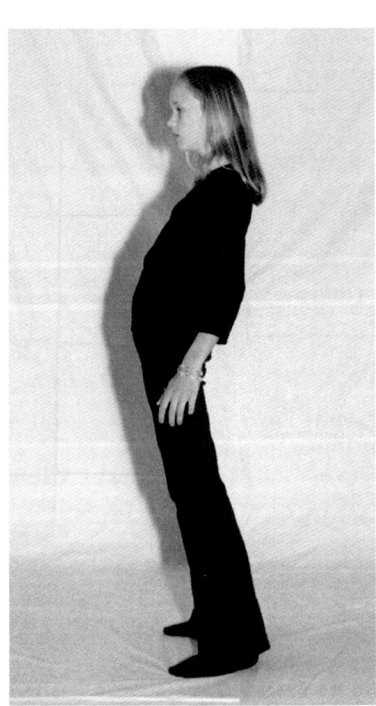

Die Körperschubladen

Klangvorstellung im Körperrumpf

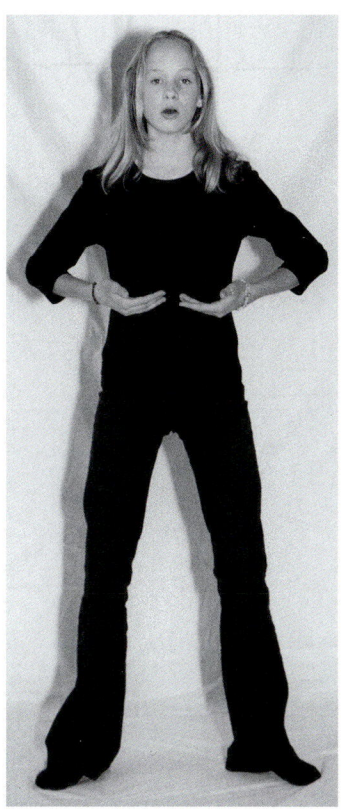

Wir verwandeln uns in Figuren, wie Dali sie gemalt hat: mit Schubladen. Wir haben unter unserem Bauchnabel eine Schublade. Wir ziehen sie auf und klingen (naa, noo, joo, jää, wii, loo,...) aus der Schublade heraus.
Dann kommt die nächste Schublade. Dort ist der Bauchnabel in der Mitte. Wir klingen nun anders. Die Sänger wählen jeweils eine eigene Tonhöhe und Silbe, mit der sie glauben, am besten die Schubladen mit Klang zu füllen. Man muss verschiedene Klänge ausprobieren.

Dann folgt die Schublade
- über dem Bauchnabel
- aus der Brust
- aus den Flanken
- aus den Schultern.

Dabei ist es wichtig, sich den jeweils klingenden Körperraum vorzustellen.

Die Klangsäule um uns

Klangvorstellung für den ganzen Körper

Wir stehen wie ein Karatekämpfer mit leicht angewinkelten Knien. Die Arme sind gestreckt als wollten sie etwas greifen. Wir klingen auf naa, noo, joo, jää, wii, loo,...
Wir stellen uns vor in einer Klangsäule zu stehen und streifen mit den Händen am Innenrand entlang. Die Tonhöhe und das Singtempo wird selbst gewählt. Wir versuchen bei jedem Klang mit der Drehung weiter nach hinten zu kommen. Dabei werden unsere Bewegungen immer weicher und fließender. Anstelle der Kraft tritt der Klang. Wir lassen die Säule klingen.

Die magischen Kugeln

Klangvorstellung vor dem Körper

Wir stehen und halten eine Kugel vor den Körper, die ungefähr so groß ist wie ein Wasserball. Mit einem **No** bringen wir die Kugel zum Klingen, jeder in eigener Tonhöhe. Nun beginnen wir die Kugel zu bewegen:
- aufwärts, abwärts
- größer, kleiner

Unsere Hände zeigen dies jeweils an, und die Stimme folgt den Bewegungen.

Die Kugeln können auch aus verschiedenen Materialien sein.
Sie sind aus Glas und klingen nun anders.
Sie sind aus
- Eichenholz
- Styropor
- Eisen
- Gold
- Bienenwachs
- Tannenholz
- Balsaholz
- Kunststoff

Und wir finden für jede Kugel ihren Klang (nü, nä, na, ko, kryy, psa,...).

Am Ende halten wir die Kugel wieder vor den Bauch, und wir schieben die Klangkugel in den Körper.
Wir zeigen nicht mehr mit den Händen ihre äußere Gestalt an, sondern stellen uns die Kugel im Körper vor und lassen sie dort klingen. Dazu suchen wir Silben (jaaa, suuu, niii, mooo,...), die dem imaginären Klangraum entsprechen. Dann lassen wir die Kugel durch den Körper wandern. Auch hier verändern wir in der Vorstellung Größe und Material der Kugel und suchen den jeweiligen Klang.

Diese Übung schafft ein Klangkörperbewusstsein und schärft das Wissen um den Sitz der Vokale.

Doda doda
homogener Klang und Akkordklang

Bei allen Tonverbindungen darf der Klang nicht abbrechen.

Hier genau kontrollieren, ob man das e des ersten Taktes wieder exakt trifft.

Die Terzen und die abschließenden Quinten sollen rein gesungen werden, d.h. „enge" reine Terz und „weite" reine Quinte.

Auch hier wird das abschließende h als reine Terz, also eng gesungen.

Junaja
Klanghomogenität mit wandernden Terzen

Die Silben mit nie abbrechendem Klang verbinden.

zusammensetzen

Bei jedem Intervall genau hören, ob es stimmt!

Innere Hörkontrolle, ob man immer wieder das gleiche a trifft!

zusammensetzen

Donga

Bruststimme, Phrase und Höhenaufbau

bis zu 4 Gruppen

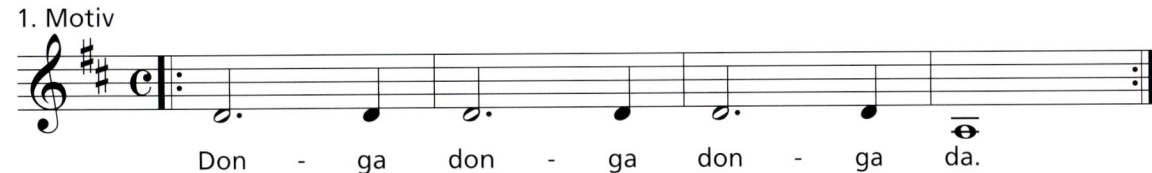

Genau darauf achten, dass das d immer auf der gleichen Tonhöhe bleibt.
Beim Quartensprung abwärts ein leichtes, entspannendes Glissando integrieren.

Die Synkopen sollen exakt auf dem „ga" des ersten Motives sitzen.

zusammensetzen

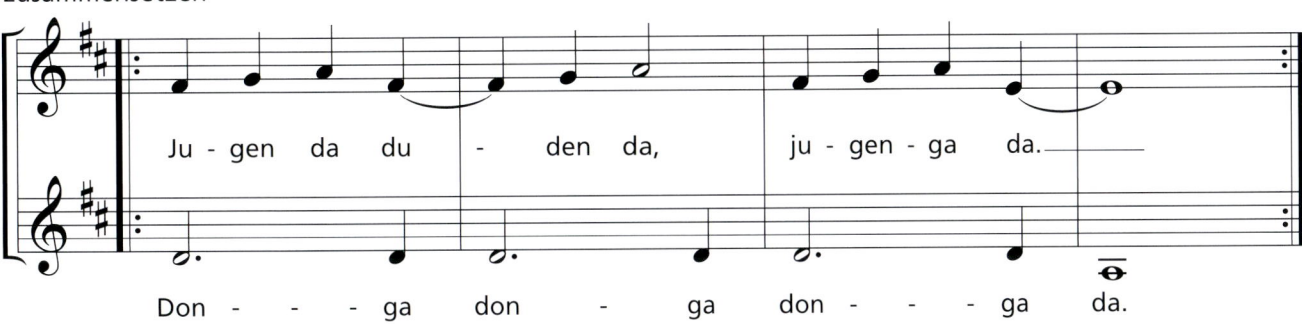

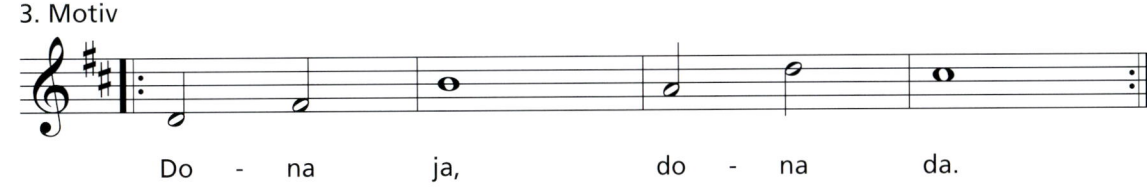

Die ganze Phrase auf einem Atem singen, den Quartsprung fis - h gut vorbereiten.

zusammensetzen

Uli Führe **STIMMICALS 2** © Fidula

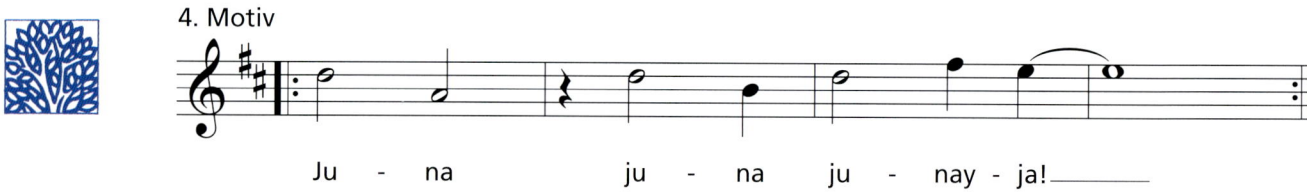

Schon beim Einatmen sollte man sich das hohe d vorstellen.
Die absteigenden Intervalle (d-a, d-h) sollte man gut unterscheiden.

zusammensetzen

Für geübtere Stimmen auch in Es-Dur.

Momba he

Trollgesänge für ein Fest, Höhenaufbau

bis zu 3 Gruppen

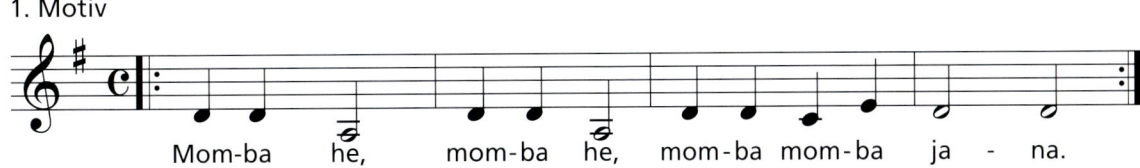

Die Stimme unangestrengt abfallen lassen.

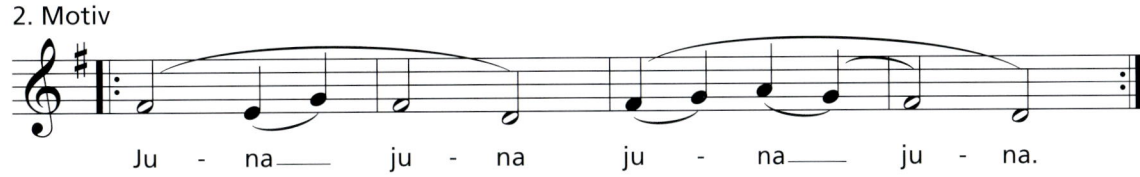

Tragende Linien aufbauen, möglichst mit Klanggesten begleiten.

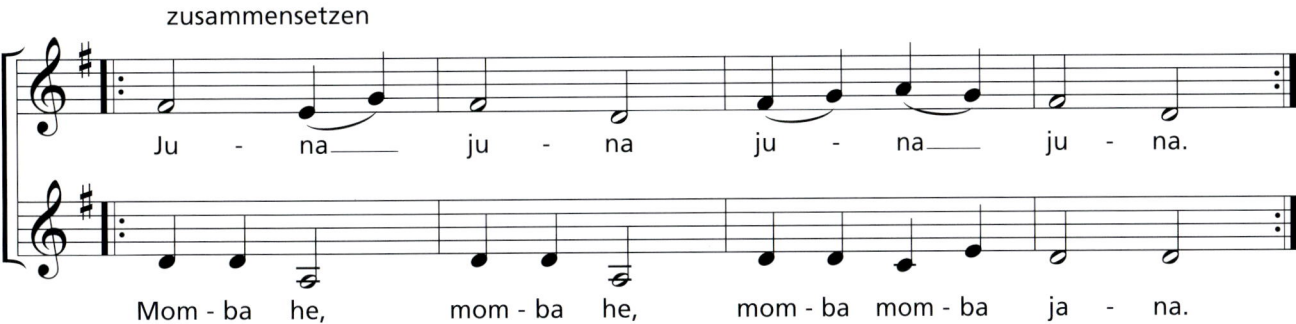

Die Spitzentöne am Anfang leicht anglissandieren. Später direkt aus dem Konsonanten h klingen lassen.
Hohe Töne nicht stemmen, sondern kommen lassen.

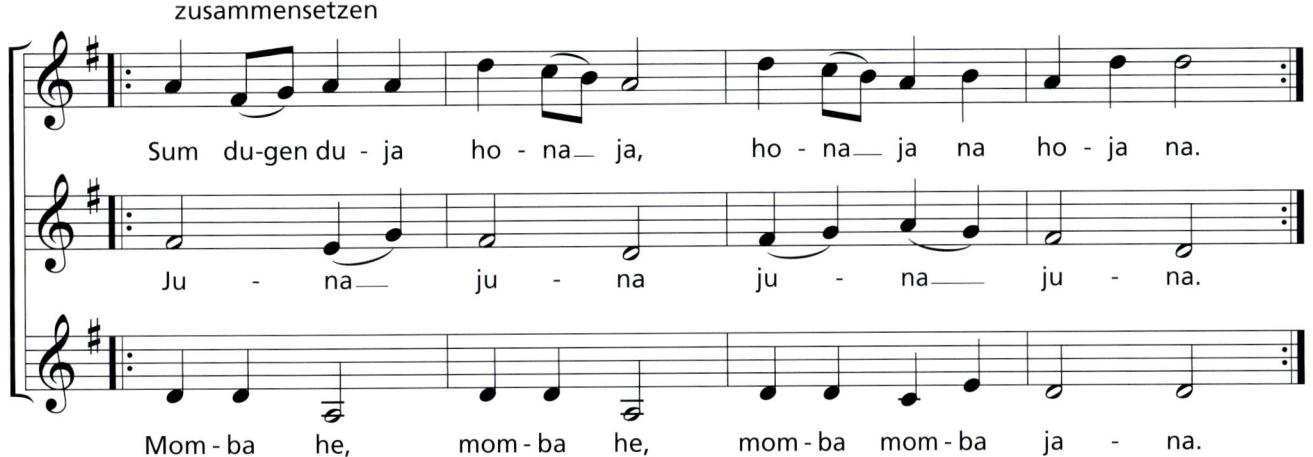

Uli Führe **STIMMICALS 2** © Fidula

Dumba daja

Höhenaufbau über einem homogenen Klang

bis zu 3 Gruppen

Brustig ansetzen und die Stimme beim Abstieg von c nach a ganz entspannt abfallen lassen.

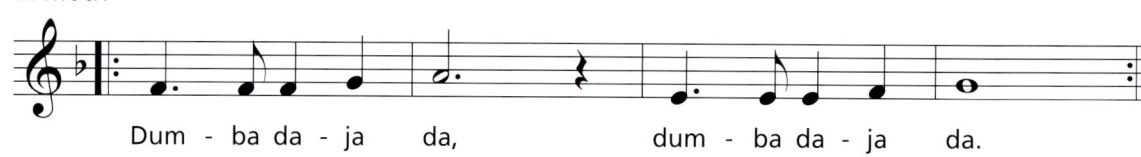

Bei den Sekundschritten genau hinhören, ob sie groß genug sind.

zusammensetzen

Die Terz f-a und die Septim a-g sollen kontrolliert angesungen werden.

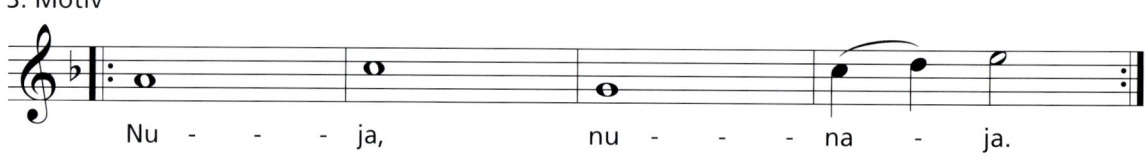

Bei beiden zweitaktigen Phrasen gilt: Der höhere Ton kommt immer aus dem tieferen.
Der Körper sollte sich jeweils beim c nach unten und gleichzeitig nach oben hin öffnen.

zusammensetzen

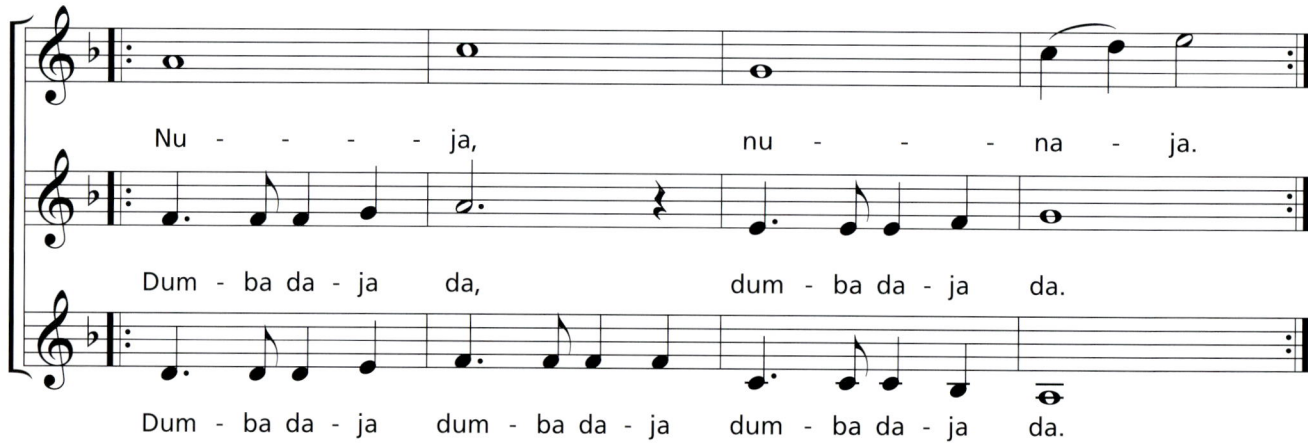

Nowa o

Quinten und homogener Klang

 1. Motiv

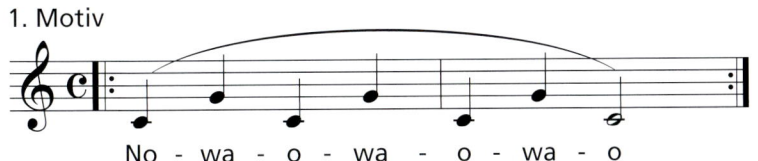

Die Töne stimmschonend mit sanften Glissandi verbinden

 2. Motiv

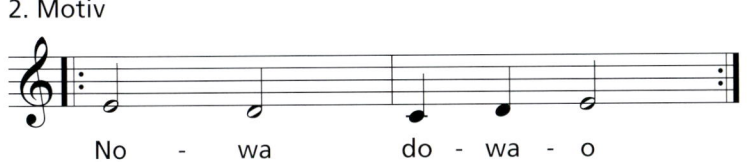

Die beiden Takte auf einem gleichmäßigen Atem singen. Möglichst alle Vokale rund ansetzen.

zusammensetzen

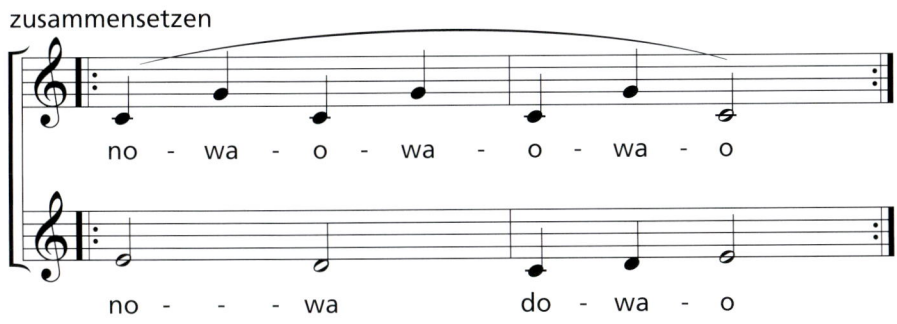

3. Motiv

Das c innerlich so ansetzen, als ob es eine Oktave tiefer wäre.

zusammensetzen

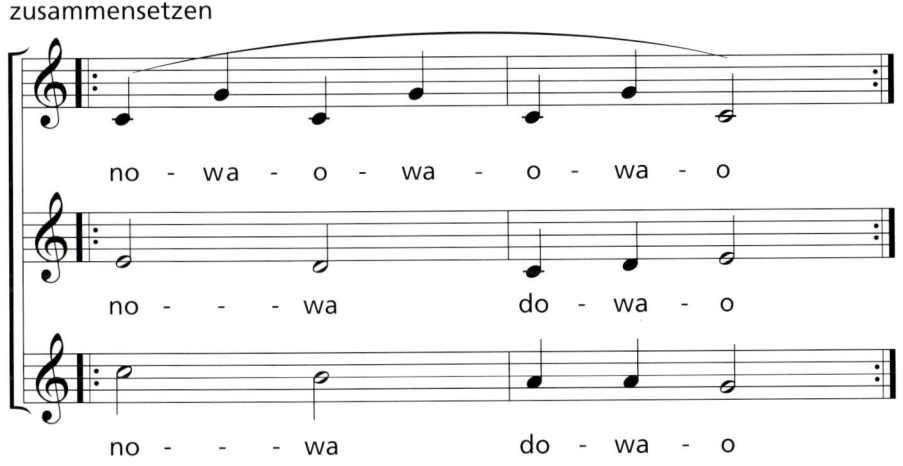

Die obere Gruppe ist die Stütze. Die Gruppen 2 und 3 sollten sich möglichst aneinander angleichen. Die verschiedenen Tonhöhen dürfen sich nicht bemerkbar machen.

Suna mana

Homogener Klang und Intervalle

Bei dem ersten Motiv sollte man im inneren Ohr immer das c als Bezugston hören.

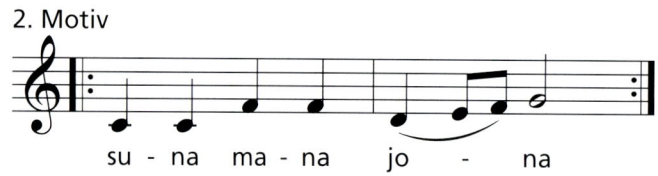

Die Intervalle dürfen nicht zu eng genommen werden.

zusammensetzen

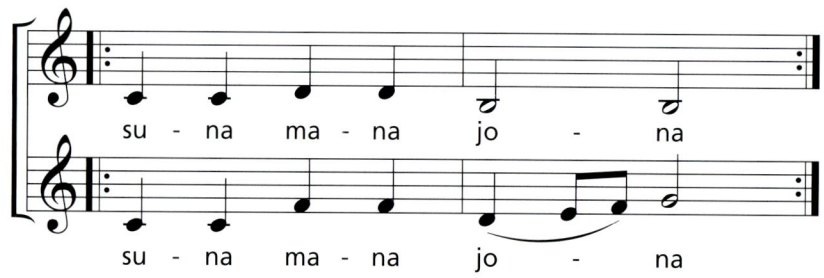

Beim Zusammensetzen der Stimmen soll jede Gruppe die andere Stimme gleichzeitig wahrnehmen.

Bereits beim ersten Ton den nächsten Ton c innerlich vorbereiten.

zusammensetzen

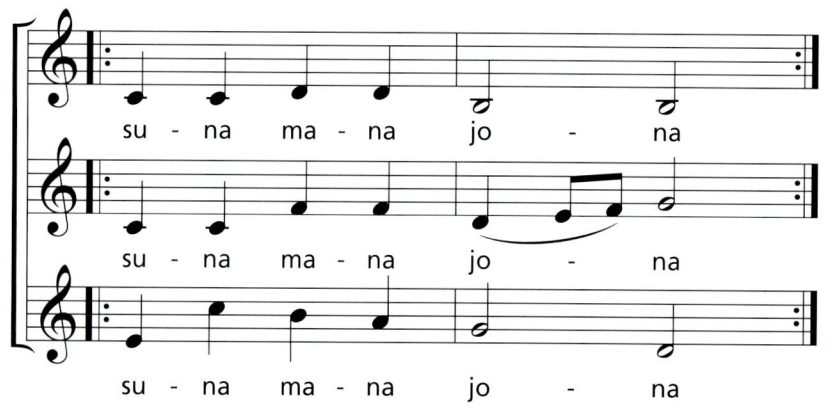

Es ist das Ziel, dass alle Stimmen trotz ihrer verschiedenen Aufgaben miteinander verschmelzen.

Mixed Stimmicals

Hier kommen verschiedene Übungsziele
gleichzeitig zum Tragen:
Intonation, Geläufigkeit, Vokale, Rhythmus
und Artikulation.

Der Riese im Felsschacht

Dehn- und Streckübung

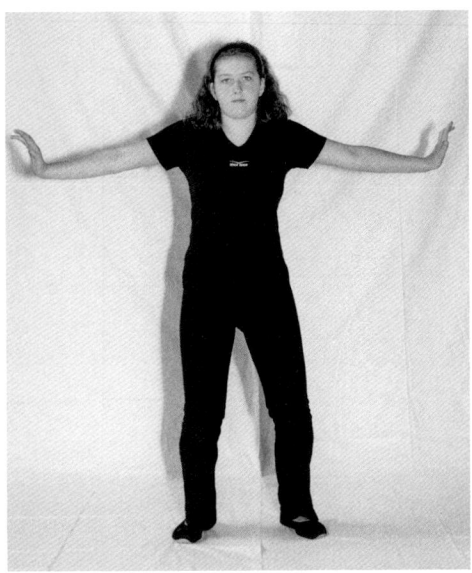
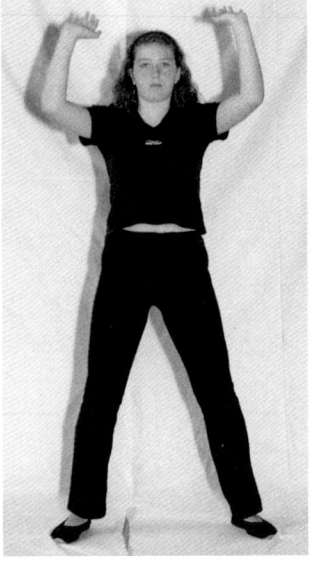

Der Riese ist in einen tiefen Felsschacht gefallen. Der Schacht ist eng und der Riese stemmt zuerst mit den Ellenbogen gegen den Schacht. Dadurch bekommt er ein wenig mehr Platz.

Jetzt drückt er mit den Händen den Raum auseinander. Und er stemmt weiter nach vorne, zur Seite und auch nach hinten.

Da ist aber noch die Deckplatte. Er stemmt sie nach oben. Zum Glück kommt gerade ein anderer Riese vorbei und nimmt ihm die Last ab.

Der Riese im Schacht kann endlich die Arme fallen lassen und stöhnen. Aber der Riese über ihm kann die Platte nicht halten, und sie senkt sich wieder auf den Schacht.
Diese Prozedur müssen sie viermal wiederholen, bis endlich die Deckplatte entfernt ist.

Der Riese und sein großes Becken

Körperwahrnehmung, Becken und Atmung

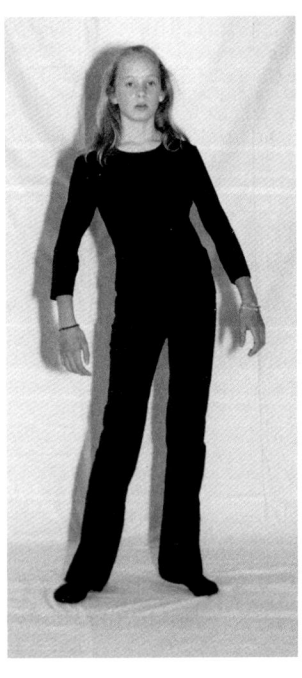

Der Riese ist so groß, dass sein Kopf bis in die Wolken reicht. Er hat darüber hinaus ein besonderes Merkmal: Sein Becken ist hohl. Er trinkt ein paar Fässer warmes Wasser, das sein Becken wie einen kleinen Weiher füllt, und beginnt ganz langsam das Wasser in seinem Becken herumzuschwenken. Die Kreisbewegung wird immer größer. Nach einer Weile bewegt er sein Becken in die andere Richtung.

Er wird aufmerksam auf seinen Atem. Er beobachtet genau, an welcher Stelle er beim Kreisen immer einatmet. Manche Riesen erkennen, dass sie Lieblingsstellen haben, an denen sie gerne einatmen.

Der Riese und der Waldstaub

Schütteln und Abklopfen

Der Riese wandert durch den Wald. Überall an seinem Körper verfängt sich Staub von den Bäumen, kleine Ästchen und Tannennadeln. Darum klopft er sich ab. Zuerst die Schultern, die Arme, dann den Oberkörper, den Bauch und die Hüften, die Oberschenkel, die Knie und die Waden, sogar seine Füße. Dann streift er alles noch einmal ab, damit seine Kleider wieder schön sitzen.

Der Riese im warmen See

Dehnübung

 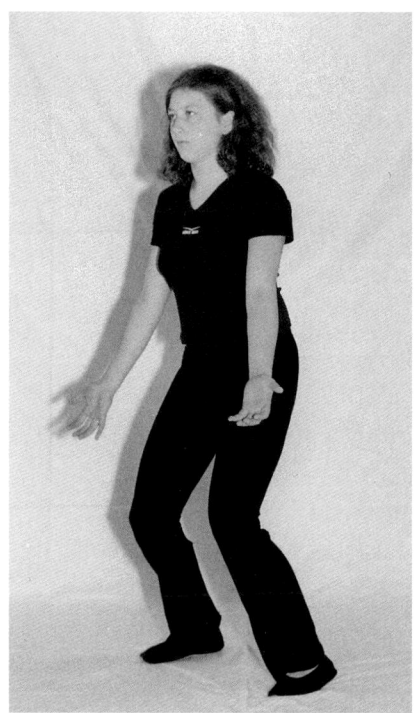 

Nachdem der Riese alles abgestreift hat, geht er in einen schönen, warmen See, bis ihm das Wasser bis unter das Kinn reicht. Der See ist mit kribbelndem Mineralwasser gefüllt, und er genießt das schöne Gefühl auf seiner Haut.

Plötzlich bewegt sich eine Strömung durch den See, und der Riese lässt seinen Oberkörper davon hin und her wiegen. Es kommt ein sanfter Wechselstrudel hinzu. Die Füße sind fest auf dem Boden, und sein Oberkörper wird wie eine Spirale sanft in die eine, dann in die andere Richtung bewegt. So geht es immer hin und her. Vor allem werden die Bewegungen jedes Mal ein wenig weiter, sodass der Körper immer geschmeidiger und gelenkiger wird.

Er breitet seine Arme aus und lässt auch sie von dem Strudel hin und her bewegen, immer ein Stückchen weiter. Aber nie mit Kraft.

Adjudju 1
Synkopen und Höhenaufbau

Leicht und geschmeidig ansetzen, rhythmisch aber genau bleiben.

Das U mit Triebresonanz neben die Nasenflügel setzen.

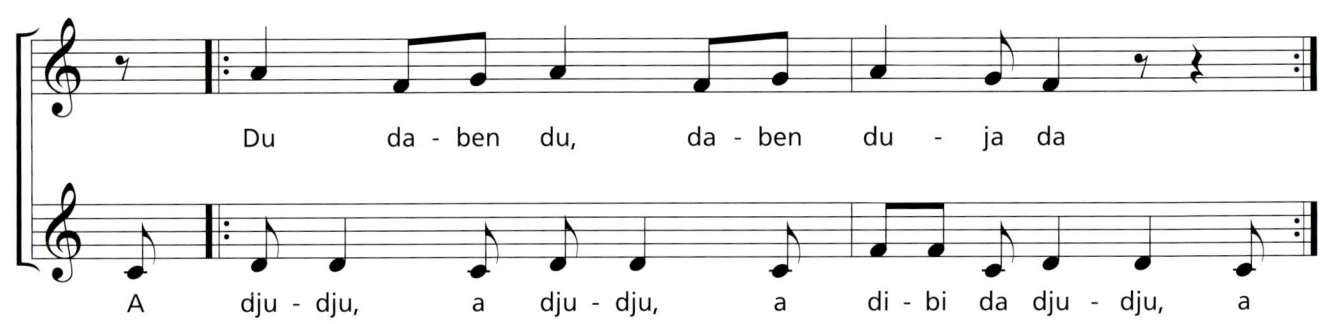

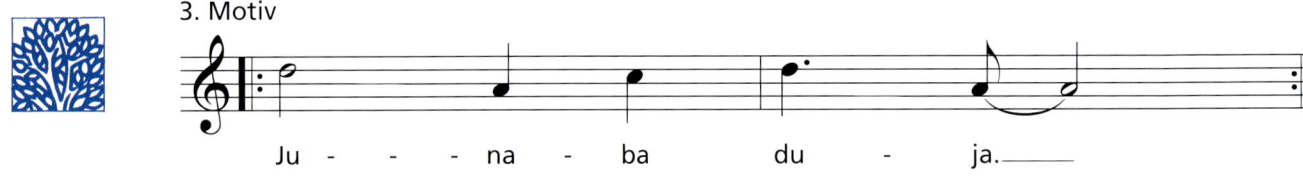

Das Ju direkt unter die Schädeldecke setzen, bei Wiederholungen darauf achten, dass man nicht zu tief ansetzt.

zusammensetzen

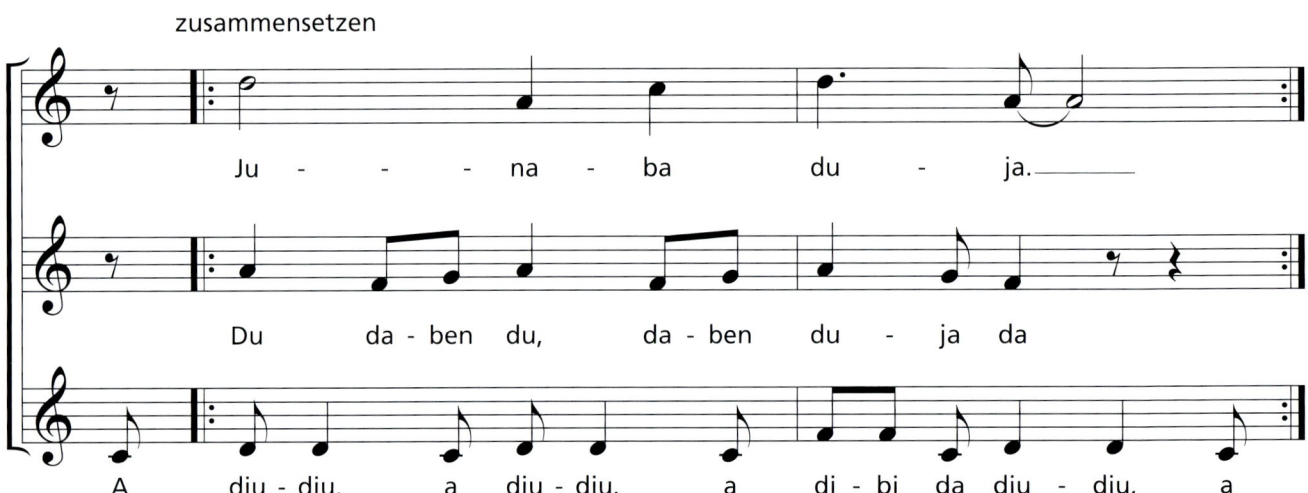

Ajana

4-stimmiger Aufbau, Bruststimme, Phrase und Höhenaufbau

1. Motiv

Bei dem Quintsprung ein leichtes Glissando integrieren.

2. Motiv

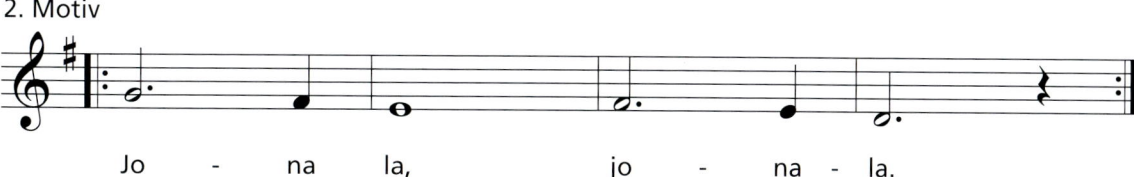

Linie aufbauen mit möglichst weiten Atembögen, bei den Zieltönen nicht zu tief landen.

zusammensetzen

3. Motiv

Startton richtig treffen, dann Kontrolle, ob die beiden Halben jeweils auf der gleichen Tonhöhe sind. Die zweite Halbe neigt zum Abfallen.

zusammensetzen

4. Motiv

Jo-ho-na, jo-ho-na, jo-ho-na-jo, jo-ho-na, jo-ho-na, jo-ho-na-ho. Jo-

Bei dem Quartsprung die Klangöffnung des mittleren Stimmraumes mit nach oben nehmen.

zusammensetzen

Jo-ho-na, jo-ho-na, jo-ho-na-jo, jo-
Du-ga du-ga du da-ga da- -ja,
A- Jo- - - - na la,
ja-na, a-ja-na, a-ja-na, a-ja-na, a-

ho-na, jo-ho-na, jo-ho-na-ho. Jo-
du-ga du-ga du-da-ga da.
jo- - - - na la.
ja-na, a-ja-na, a-ja- - na. A-

Nach einigen Durchgängen wandert man chromatisch weiter bis a-Moll.

Ejana

rhythmische Sicherheit, Maskenresonanz

1. Motiv

2. Motiv

Den m-Klang in die Maske setzen, sodass die Nase voll vibriert.

zusammensetzen

3. Motiv

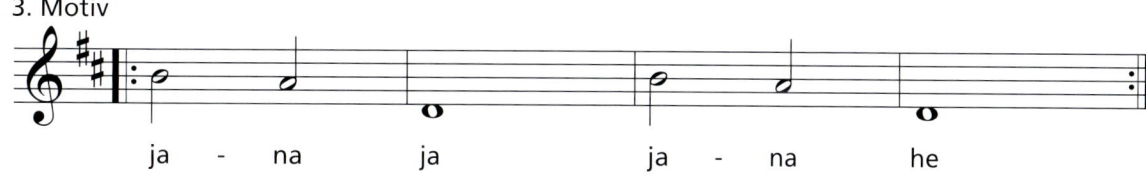

zusammensetzen

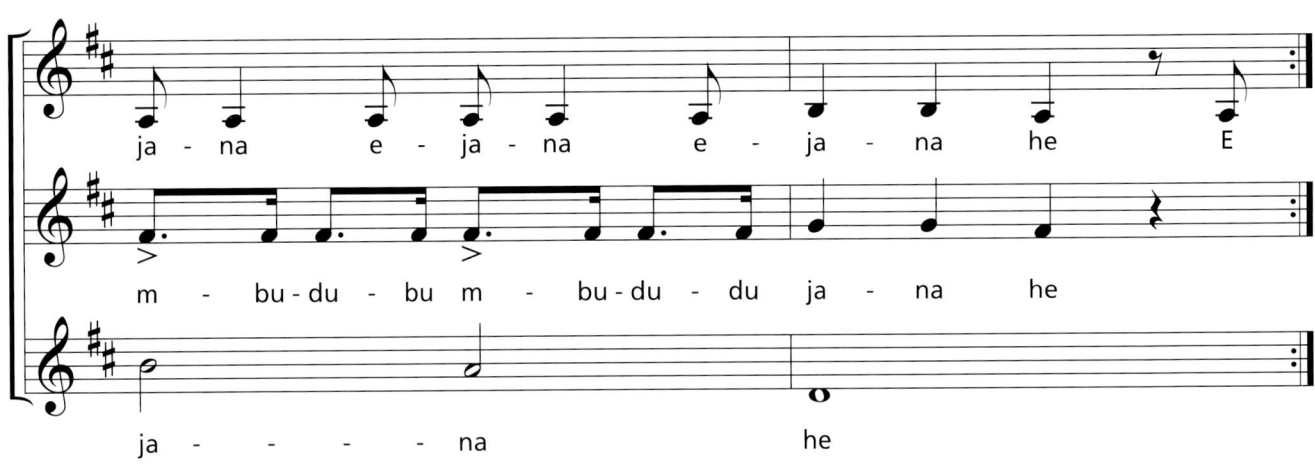

Awum

Artikulation, Tirolen und Rhythmus

1. Motiv

Sehr sauber und rhythmisch artikulieren.

2. Motiv

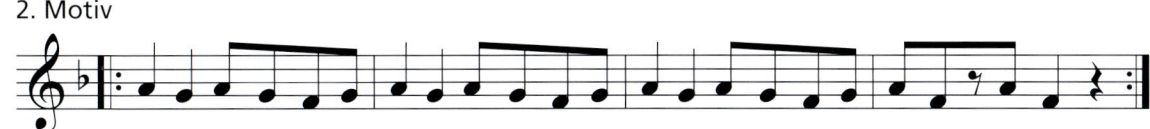

Linie aufbauen mit möglichst weiten Atembögen.

zusammensetzen

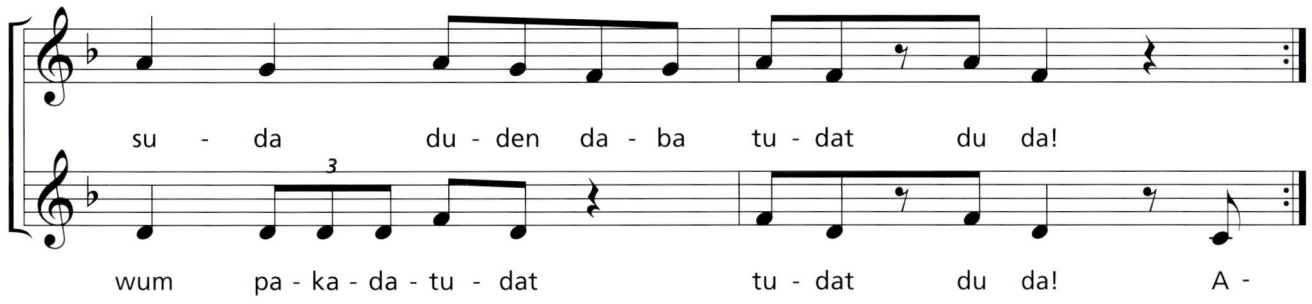

3. Motiv

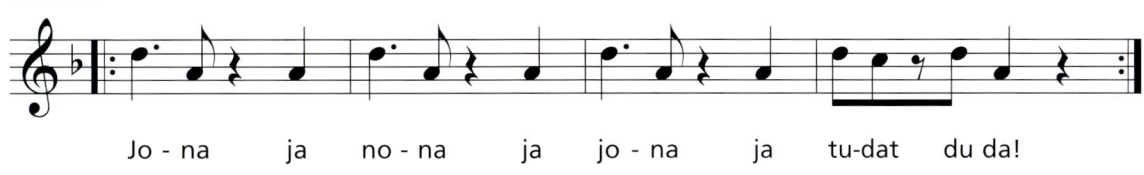

Die Linie der „Könige", d. h. wie eine Königin stehen!

zusammensetzen

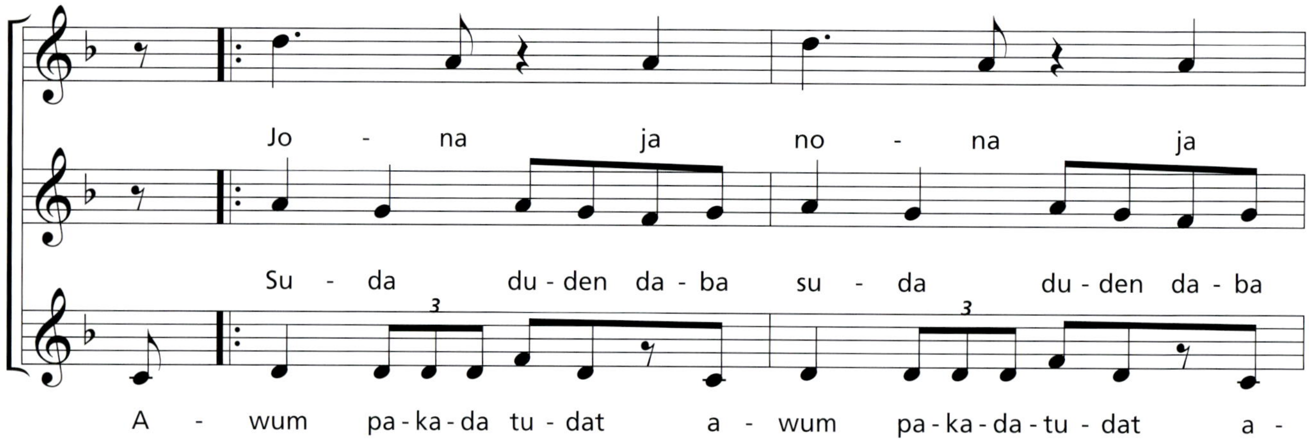

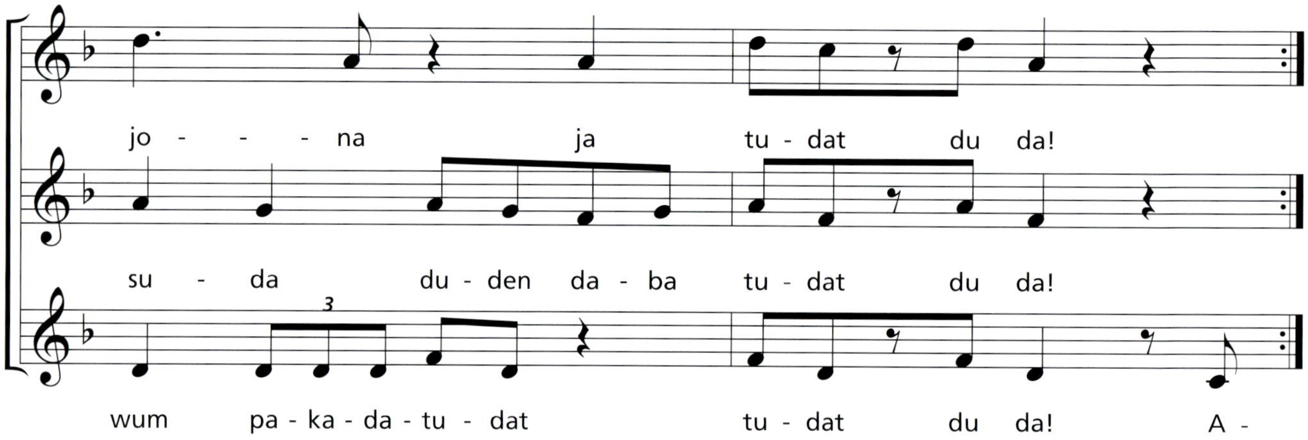

4. Motiv

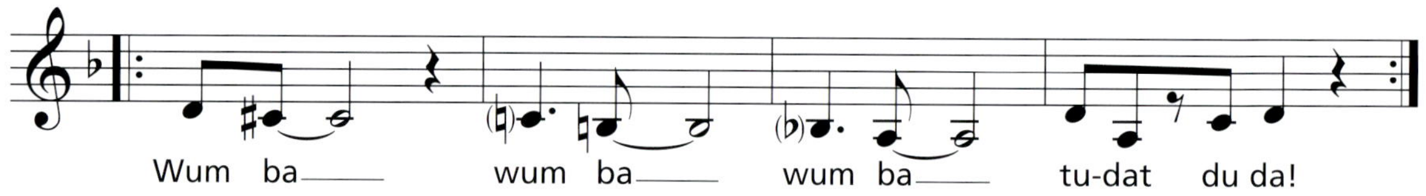

Bei der absteigenden Linie auf die Zieltöne achten, ständige Kontrolle, ob man noch richtig im Satz ist.

zusammensetzen

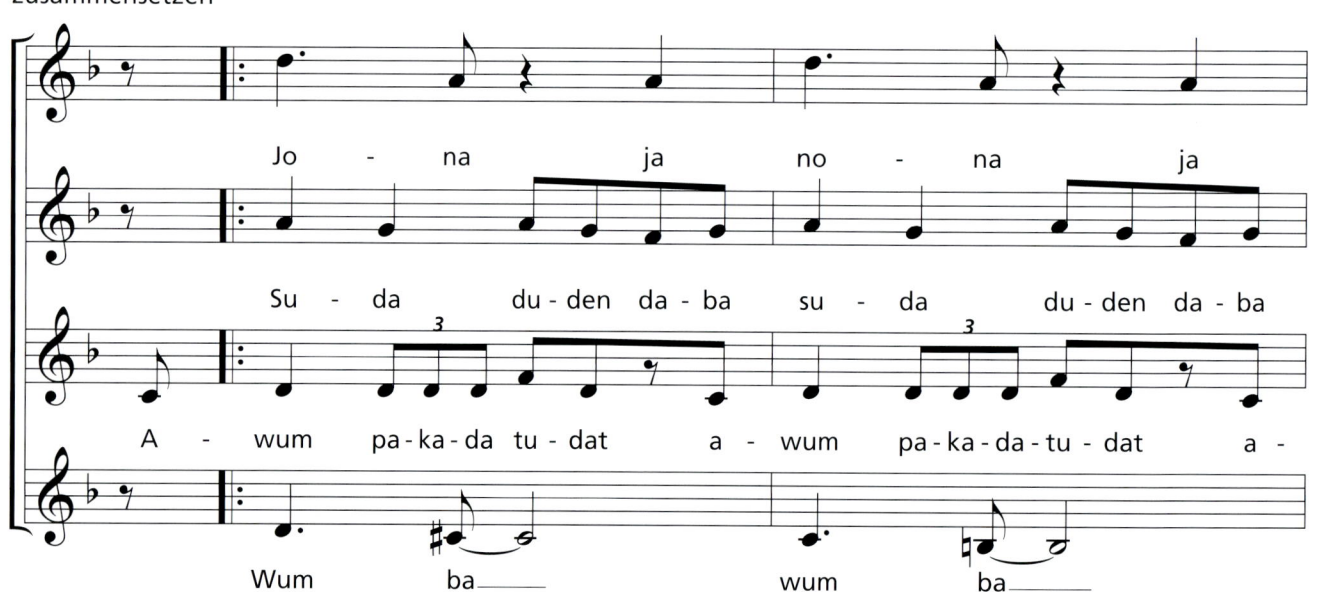

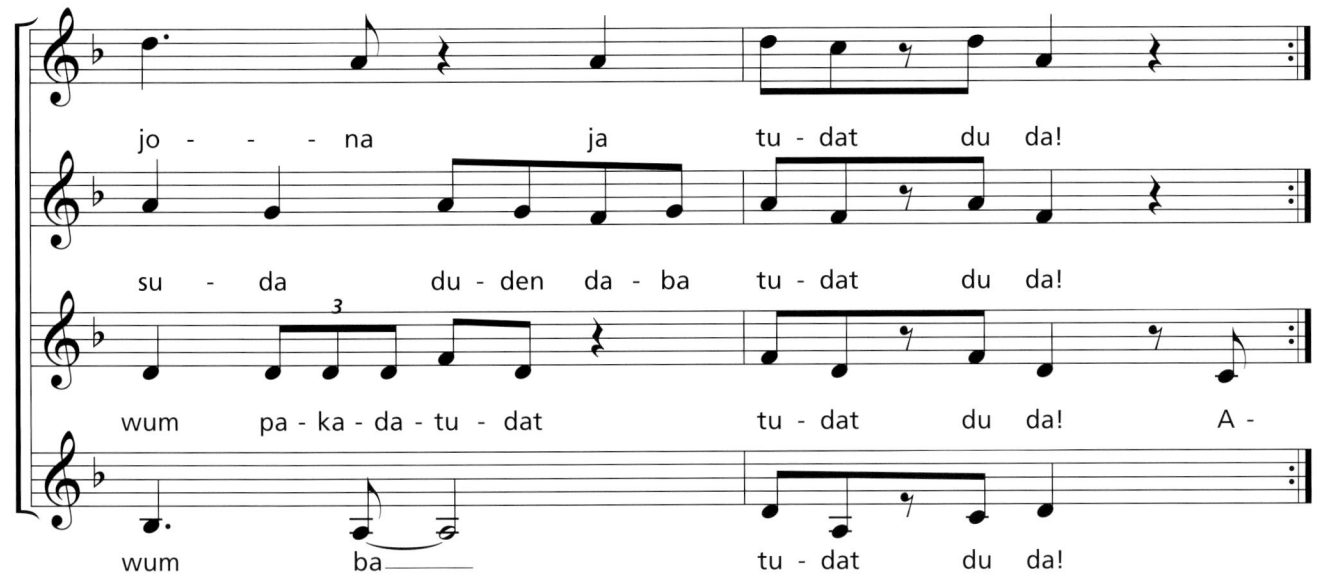

Adjudju 2
Off-Beat und Höhenaufbau

4 Gruppen

1. Motiv *swing*

dj = dsch

Leicht und geschmeidig ansetzen, rhythmisch aber genau bleiben.

2. Motiv

Das Hm dient nur als Pausenfüller, damit niemand in die Pause singt. Die 2 und 4 gut betonen.

zusammensetzen

3. Motiv

Bei dem absteigenden Motiv immer darauf achten, dass man nicht zu tief kommt.

zusammensetzen

zusammensetzen

Körperklang und Körperhören

In Zentrum dieser Übungen stehen die Erforschung und Erweiterung des eigenen Körperklanges. Die Übungen dienen dem Körperklangbewusstsein, das die Grundlage für ein ausgewogenes Singen ist.

Körperklang

Im Körper klingen

Es hört sich so selbstverständlich an: im Körper klingen!
Aber es erfordert viel Übung, bis man den eigenen Körperklang gefunden hat. Durch unsere Familie, unsere Kultur, aber auch durch die Vorstellung, wer wir gerne sein möchten, schaffen wir uns unseren Stimmklang. Wir klingen so, wie wir glauben klingen zu müssen. Und wir klingen, wie wir es gelernt haben.

Einen Schweizer erkennt man immer an seinem weit im Hals sitzenden A-Laut, genauso den Franken am fränkischen R. Der Hamburger wird sofort am nasalen Vordersitz erkannt, der Italiener an seinen durchdringenden Klängen.
Es gibt laute Familien, es gibt leise Familien, es gibt Familien, die Wert auf eine Sprachkultur legen und andere Familien, bei denen viele Konsonanten stiefmütterlich behandelt werden.
Der Macho mimt mit dem Brustansatz die Kraft und eine Frau, die gerne ein Püppchen sein möchte, erkennt man sofort an der piepsigen Stimme. Ein Beruf, dem Anweisungen und Befehle nicht fremd sind (Lehrer, Trainer, General) erzeugt ganz andere Stimmen als eine Tätigkeit, bei der man den ganzen Tag wortlos hinter einem Bildschirm sitzt.

Und mit diesen ganzen Bedingungen müssen wir in der Stimmarbeit umgehen. Deshalb lohnt es sich, in den Körper hineinzuhören!

Welche Töne muss ich erzeugen, damit dieser oder jener Körperteil zum Klingen kommt?
Wo klinge ich?

Dabei sollte man sich auch nicht vor völlig unbekannten, unschönen und schrägen Tönen fürchten. Und wenn man dann merkt, dass man so noch nie geklungen hat, hat man etwas Neues in sich entdeckt.

Die folgenden Übungen dienen dazu, das eigene Klangbewusstsein zu erweitern. Und es lohnt sich, diese Übungen über einen längeren Zeitraum mit den Gruppen durchzuführen. Erst dann kann sich nach und nach eine Veränderung einstellen.

Kuppelklang des Kopfes

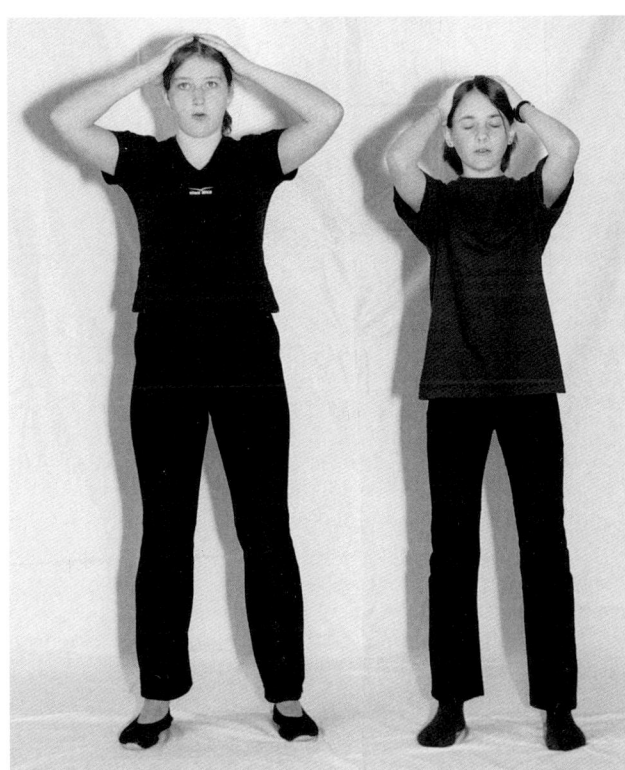

Die Augen sind geschlossen. Wir legen behutsam unsere Hände auf den Kopf, sodass sie ihn wie einen Helm umfassen. Zwei Fingerspitzen berühren sich.
Wir versuchen den Schädelraum in seiner Größe zu erfassen.
Wie groß ist diese Kuppel?
Wir gehen in Gedanken unter der Kuppel spazieren.
Wir versuchen die Kuppel als Hohlraum zu erfassen.

Wem es zu anstrengend wird, die Hände oben zu behalten, der möge sie einfach hängen lassen. Wichtig ist, dass keine Verspannungen entstehen.

Wenn wir die Schädelkuppel in ihrer Ausdehnung erfasst haben, dann beginnen wir in diese Kuppel hineinzusummen. Dazu müssen wir unseren eigenen Ton, die eigene Intensität finden, bis wir das Gefühl haben, der Ton sitzt in der Schädelkuppel.
Danach wechseln wir von den geschlossenen Klängen zu offenen Vokalen, bis wir das Gefühl für den Kuppelklang haben.

Höhlenklang der Augen

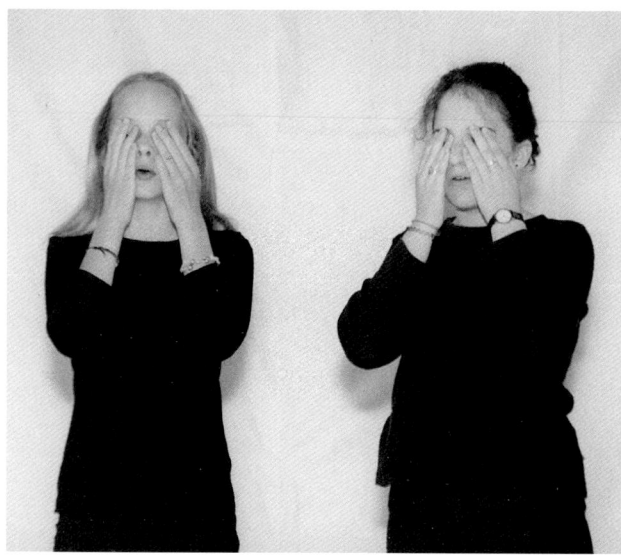

Wir legen behutsam unsere Finger auf die Augen, die Hände ruhen auf den Wangen.
Die Aufmerksamkeit gilt zunächst dem linken Auge.
Wir versuchen den Augapfel in seiner Größe zu erfassen.
Wir tasten ihn von innen ab.
Wir versuchen die Lage des Augapfels in den Augenhöhlen zu erspüren.
Wie groß ist er?
Wie liegt er in der Augenhöhle?

Wir wiederholen dieselbe Prozedur mit dem rechten Auge. Nun achten wir darauf, ob sich die beiden Augen gleich, ähnlich oder unterschiedlich anfühlen. Wem es zu anstrengend wird, die Hände oben zu behalten, der möge sie einfach hängen lassen. Wichtig ist, dass im Körper keine Verspannungen entstehen.

Wenn wir die Augen in ihrer Lage erfasst haben, dann beginnen wir in diese Höhlen hineinzusummen.
Dazu müssen wir unseren eigenen Ton finden, auch die eigene Lautstärke, bis wir das Gefühl haben, der Ton sitzt in den Augenhöhlen.
Danach wechseln wir von den geschlossenen Klängen zu offenen Vokalen, bis wir das Gefühl für den Augenhöhlenklang haben.

Die M-Massage

Wir setzen bei geschlossenem Mund einen Ton an, jeder seinen eigenen Ton. Ziel ist die Stirn. Wir versuchen mit unserem klingenden M die **Stirn** von innen sanft zu massieren.
Dabei probieren wir verschiedene Töne aus, die wir gleitend erreichen. Wir variieren auch die Lautstärke.
Wenn man nun die Vibrationen in der Stirn spürt, dann weitet man dieses Klangfeld aus.
Mit neuen Tönen versuchen wir die ganze **Kopfkuppel** ins Schwingen zu versetzen. Auch hier gilt: nicht mit Kraft arbeiten, sondern mit Klang. Wem es nicht sofort gelingt, der möge sich Zeit lassen. Oder man probiere im geschlossenen Mundraum andere Vokale aus.
Nun lassen wir das schwingende M an der **Wirbelsäule** entlang soweit es geht nach unten gleiten. Das weitet sich natürlich auch in den **Brustraum** bis zum Brustbein aus.
Ziel ist es, mit dem M zuerst das **Kreuzbein** zu erreichen, dann sollte es sanft den **Beckenraum** ausfüllen.
Wenn man die Verbindung zu diesen Körperteilen gefunden hat, dann wandert man mit dem Klang von Stelle zu Stelle und massiert sie durch.

Die Schläfenkammer

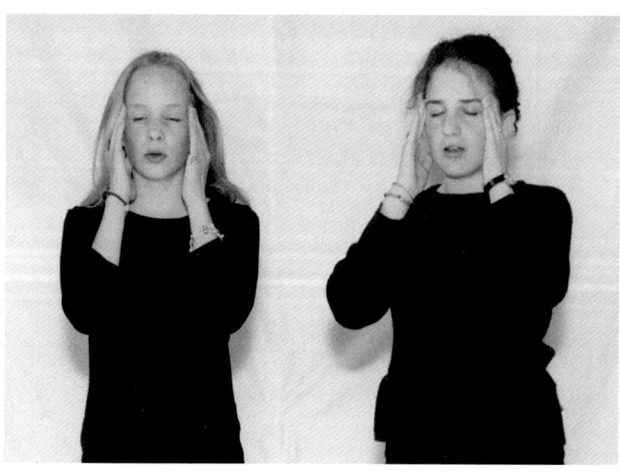

Die Übung lässt sich gut mit geschlossenen Augen durchführen. Wir fassen uns mit beiden Händen an die Schläfen, wobei die Zeigefingerspitzen exakt die Schläfen berühren. Dann beginnen wir einen Ton zu suchen, bei dem beide Stellen vibrieren. Das gelingt meist auf einem bestimmten M-Laut, es kann aber auch mit anderen Klängen gelingen.

Mit Glissandi wird der Raum erforscht. Bis zu welcher Tonhöhe lässt sich die Vibration spüren. Wir versuchen diesen Raum als Klangraum – Schläfenkammer – zu speichern, damit wir ihn bei entsprechender Literatur abrufen bzw. zum Klingen bringen können.

Weitere Übungen

Man kann nach diesem Prinzip alle Körperteile mit Stimmklang erfüllen und wird feststellen, dass fast jede Partie ihren eigenen Klang und eigene Silben hat.

- Halsklang
- Schulterklang
- Oberarmklang
- Armklang bis über die Hände hinaus in den Raum
- Brustklang
- Bauchklang
- Beckenklang
- Oberschenkelklang
- Beinklang bis durch die Füße hinaus in den Boden

Dabei hilft immer die Vorstellung vom Klangfluss, der die Körperpartien durchfließt. Es sollte jedoch immer darauf geachtet werden, dass der Klang unangestrengt kommt. Nicht mit „Wollen" arbeiten, sondern mit „Lassen". Und wenn es nicht gelingt, dann lässt man es eben und probiert es ein andermal wieder.

Gruppenübung: Klingen durch die Arme

Chorübung mit Paaraufteilung

Der Chor, die Gruppe stellt sich im Kreis auf, Tanzfassung.
Bei großen Gruppen kann man mit Innenkreisen arbeiten, damit alle Platz haben.

Ansage:
Wir schließen die Augen.
Wir nehmen zuerst die linke Partnerhand wahr, dann die rechte.
Wir stellen uns einen Ton vor, der in unserem Körper sitzt.
Dann singen wir auf na, no oder nu. Wir wählen eine eigene Tonhöhe und eine Silbe, die uns gerade im Moment gut tut.
Wir lassen diesen Ton durch den linken Arm zum Nachbarn hin fließen.
4 Klänge!
Man kann die Klänge in den Silben und Tonhöhen natürlich wechseln.

*Wir wechseln die Aufmerksamkeit zum rechten Arm und lassen nun 4 Klänge
zur rechten Seite hin fließen.
Wurde ein Unterschied im Klangfluss zu den Personen wahrgenommen?*

*Es folgt nun ein Platzwechsel möglichst ohne Austausch.
Der kommt am Schluss der Übung.*

Diesen Platzwechsel muss man vorbereiten. Alle Teilnehmer sind in Paaren geordnet, in Einser und Zweier. Alle Einser gehen nun nach rechts auf den Platz des nächsten Einser. Dadurch haben die Einser nun die Person, die vorher auf der rechten Seite von ihnen stand, auf der linken Seite. Es folgt die gleiche Prozedur.

*Wir schließen die Augen.
Wir nehmen zuerst die linke Partnerhand wahr, dann die rechte.
Wir stellen uns einen Ton vor, der in unserem Körper sitzt.
Dann singen wir auf na, no oder nu. Wir wählen eine eigene Tonhöhe.
Wir lassen diesen Ton durch den linken Arm zum Nachbarn hin fließen.
4 Klänge*

Anschließend teilt man sich die jeweiligen Erfahrungen mit:

*Gab es einen Unterschied in der Wahrnehmung der jeweiligen Arme und Hände?
Konnte man in den fremden Händen Vibrationen spüren?
Geht mein Klang besser in die eine oder andere Richtung?*

Der Platztausch ist ungemein wichtig, da man sonst glaubt, dass der Unterschied im eigenen Körper ausschließlich mit dem Partner zusammenhängt. Dem ist aber nicht so. Wir haben oft unterschiedliche Klangströme im Körper. Einige fließen besser nach rechts, die anderen besser nach links.
Auf jeden Fall sollte man am ausgeglichenen Klangfluss arbeiten.
Dazu dient immer wieder die Vorstellung:

Ich lasse meinen Klang jetzt nach rechts/links fließen.

Körperhören

Über das Körperhören

Wir hören nicht nur mit den Ohren, sondern mit jeder Faser unseres Körpers. Nur sind wir uns dessen nicht immer bewusst.
Jeder Klang, jeder Ton und jedes Intervall hat in unserem Körper einen eigenen Raum, und wir spüren z.B. im Bauch, ob uns ein Klang gefällt oder nicht.
Mit dem Klangbewusstsein im Körper können wir unsere eigenen Singmöglichkeiten erweitern. Wenn wir uns dessen bewusst werden, welche Teile unseres Körpers wir bevorzugen, dann wissen wir auch, welche Teile weniger aktiv sind. In dem Moment, wo wir das erfasst haben, können wir daran arbeiten und unseren eigenen Körperklang ausweiten. Dazu müssen wir aber in den Körper hören.

Den fremden Ton im eigenen Körper hören

Wie soll man mit dem Körper hören?

Geschlossene Augen ermöglichen eine größere Konzentration auf die Abläufe im Körperinneren.
Dazu gibt es ein paar Hilfsfragen, die wie eine Lampe in den Körper leuchten:

Außen:
Es klingt ein Ton.

Innen:
- Wo spüre ich diesen Ton?
- Gibt es ein feines Kribbeln?
- Merke ich eine Belebung (bessere Durchblutung) in bestimmten Körperteilen?
- Tauchen mit dem Ton plötzlich Farben in bestimmten Körperpartien auf?
- Spüre ich bei bestimmten Klängen Spannungen durch den Klang?
- Löst der Ton bestimmte Gefühle in mir aus? Ist das wiederholbar?

Außen:
Es klingen verschiedene Intervalle.
Entweder lässt man sie von zwei oder mehreren Musikern singen oder spielen, oder man schlägt sie auf dem Klavier an.

Innen:
- Wie nehme ich das Intervall insgesamt wahr?
- Kann ich die beiden unterschiedlichen Töne im Körper spüren?
- Wo sitzt der höhere Ton?
- Wo sitzt der tiefere Ton?
- Welche Körperpartien werden von welchen Intervallen bevorzugt?
- Welches Intervall tut mir gut?
- Welches Intervall ist unangenehm?

Wenn man das Körperklangbewusstsein für sich geöffnet hat, hört man die Literaturstücke ganz anders.
So verändert sich mit diesem Weg die Arbeit an der Intonation. Der Körper spürt nun ganz deutlich, ob es stimmt oder nicht. Schlecht sitzende Intervalle stören den Körper, gut sitzende Intervalle tun ihm gut.

Gruppenübung: Quintenspiegel

Spüren, wo Grundton und Quinte sitzen

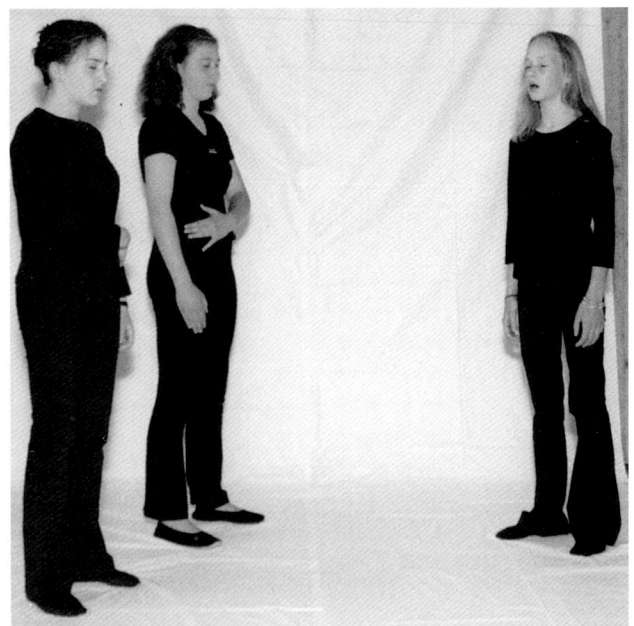

1. Phase
Zuerst singt der Chor auf dem Ton d einige langen Ja-Klänge.
Höraufgabe: größtmögliche Klanghomogenität mit dem rechten bzw. linken Nachbarn erreichen, sich genau an seine Tonhöhe angleichen.
Die Sänger schließen nun die Augen und spüren genau nach, wo bei ihnen der Klang sitzt. Dazu benötigt man ca. drei bis vier Atemklänge, dann zeigt jeder Sänger den Sitz seines Klanges an. Die Gruppe sieht sich an und beobachtet, wie es bei jedem leicht anders aussieht. Dabei gibt es z.T. größere Unterschiede, die man aber nicht bewerten sollte.

Dann singt der ganze Chor auf der Quinte a einige lange Ja-Klänge.
Höraufgabe: wieder möglichst hohe Klanghomogenität mit dem rechten bzw. linken Nachbarn erreichen, sich genau an seine Tonhöhe angleichen.
Die Sänger schließen wieder die Augen und hören/spüren genau nach, wo bei ihnen der höhere Klang sitzt. Dazu benötigt man ca. drei bis vier Atemklänge, dann zeigt jeder Sänger seinen Klangsitz an, dort wo er ihn spürt.
Gemeinsam beobachtet man die verschiedenen Sitzempfindungen.

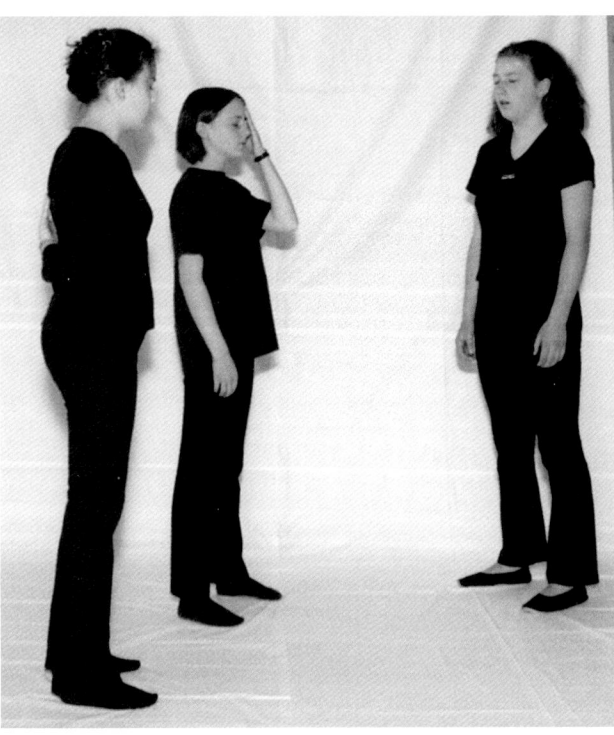

2. Phase
Nun wird der Chor in zwei Gruppen geteilt. Die eine Gruppe bleibt auf dem a, die andere Gruppe singt auf dem Grundton d den langen Ja-Klang.
Beide Gruppen zeigen ihr Klangzentrum an, spüren genau nach, wo es sitzt.
Wenn diese Phase stabilisiert ist, nach ca. 1 bis 3 Minuten, dann geht man über zur

3. Phase
Die Sänger spüren nun nach, wo das jeweils andere Intervall bei ihnen im Körper spürbar ist.
D.h. die Grundtongruppe muss genau hinfühlen, ob man die klingende Quinte im eigenen Körper verorten kann. Was hat sich verändert?
Ist sie überhaupt spürbar?
Genauso macht es die Gruppe, die auf der Quinte singt. Kann man den Grundton im Körper spüren, verorten? Wo sitzt der andere Ton eigentlich in mir?
Nach einiger Zeit lässt man die neu entdeckten Töne im Körper anzeigen.

Schließlich kann man noch vergleichen, ob der Klangraum des fremden, nicht selbst gesungenen Tones mit dem übereinstimmt, den die jeweiligen Gruppen angezeigt haben.

Es gibt immer wieder Sänger, die bei dieser Übung ganz eigenartige Klangräume wahrnehmen oder überhaupt nicht spüren, wo der Klang bei ihnen sitzt. Darum sollte man immer wieder Sätze einstreuen wie: *Wer es jetzt nicht spürt, der spürt es vielleicht später. Das ist überhaupt nicht schlimm.*
Manche brauchen einfach länger.

Partnerübung: Klänge spüren

Der Chor teilt sich auf in Paare. Es sollten möglichst gleich große Menschen zusammen kommen.
Einer stellt sich zur Kreismitte, der andere stellt sich dahinter.

Die hintere Person legt nun behutsam die Hände auf die Schultern der vorderen Person.
Kontaktaufnahme
Wichtig:

> *Die Vorderen schließen die Augen.*
> *Die Hinteren legen die Hände auf.*
> *Nicht mit Gewicht auflegen, sondern einfühlsam auflegen.*
> *Nehmt den Stoff war,*
> *denkt euch durch den Stoff hindurch,*
> *spürt die Haut,*
> *die Wärme,*
> *den Körpertonus.*
>
> *Die Vorderen nehmen die Hände wahr,*
> *erspüren die Muskelspannung und die Wärme durch den Stoff.*
> *Das Bewusstsein wandert in die berührte Körperpartie.*

Schulterklang

Nun singen die Vorderen mit no-, na-, ju oder jo-Klängen in die Hände des Hinteren.

> *Wählt eine eigene Tonhöhe,*
> *sucht den eigenen Klang in den Händen*
> *auf den Schultern.*

Klangwanderung

Wenn nun der Kontakt von Klang und Handfläche des Partners gespürt wird, beginnt die vordere Person neue Klänge zu suchen: höhere, tiefere, lautere, leisere Klänge oder auch wechselnde Vokale.
Die hintere Person sucht mit den Handflächen, die jeweils behutsam und immer mit Achtung aufgelegt werden, die vibrierenden Stellen. Dabei darauf achten, dass man nicht drückt, sondern hauptsächlich einfühlsam spürt.

Nach 4 Minuten werden die Positionen gewechselt. Wer vorne stand, geht nach hinten, und umgekehrt.
Nach Möglichkeit sollte der gegenseitige Erfahrungsaustausch erst nach der Übung stattfinden, wenn beide Personen beide Erfahrungen gemacht haben.
Man sollte sich auch jetzt die Zeit lassen für die Phase der Kontaktaufnahme.
Es folgt der gleiche Ablauf wie oben erwähnt.

Man beschreibt dann seine Erfahrungen. Es ist immer wieder erstaunlich, wo der Partner den eigenen Klang entdeckt.

Sich gegenseitig ausklopfen

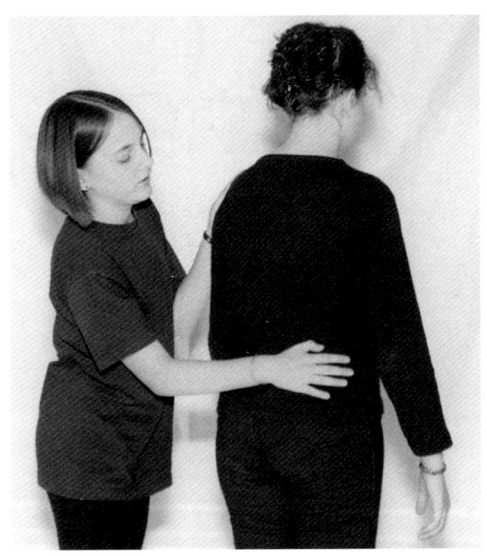 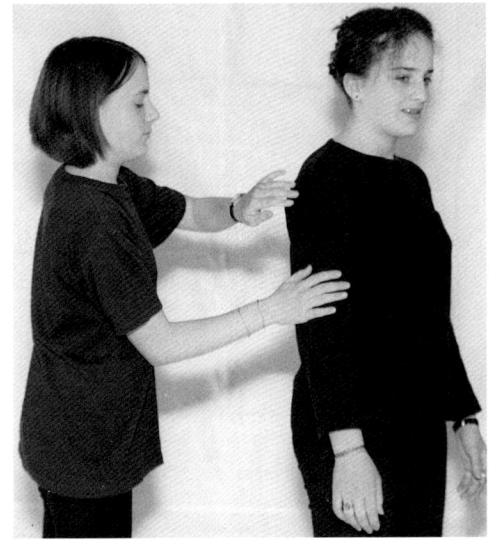

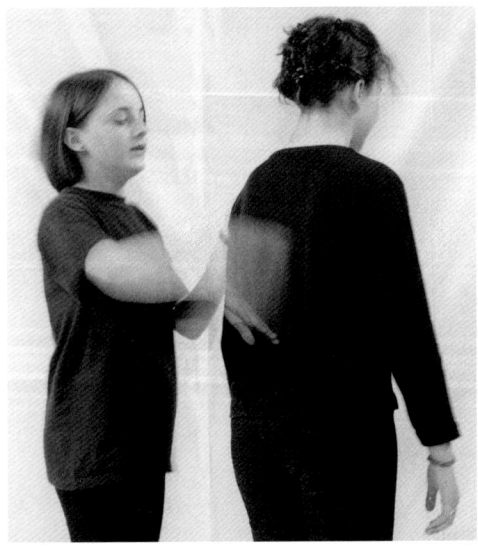

Diese wie auch andere Übungen sollten immer mit dem gegenseitigen Abstreifen und Ausklopfen enden. Der Partner erreicht so die Stellen, an die man selbst nicht herankommt. Außerdem kann man sich in diesem Moment vollends loslassen.

Grundlagen zur Stimme
oder: das Wichtigste zum Schluss!

Wie setzt sich die Stimme zusammen?

Wenn die Stimme gut klingt, dann ist der ganze Körper beteiligt. Er ist in einem eutonischen Zustand. Das heißt, dass er die genaue Balance hat zwischen Entspannung und Spannung bzw. Anstrengung.
Singen ist Arbeit.
Diese Arbeit kommt aus dem Atemfluss.
Der Atem ist allgegenwärtige Kraftquelle für unser Handeln.

Es gibt verschiedene Arten von Atemstützen, die in der Gesangslehre gelehrt werden.
Es gibt die Thoraxstütze (der Brustkorb wird gehalten) und die Zwerchfellstütze (Spannung von Ein- und Ausatemmuskulatur zur Bauchwandmuskulatur). Beide werden z.T. noch als Grundansatz verbreitet.
Die wichtigste Stütze aber ist die Kraft, die aus dem Beckenboden kommt. Diese Atemstütze dient dem Klang, der den ganzen Körper ausfüllt.

Der Stimmklang hängt sehr stark von der eigenen Vorstellung vom Klang bzw. der Klangfarbe ab. Diese Vorstellung ist an 5 verschiedene Faktoren gebunden:

Anatomie	Elternhaus	Kultur	Selbstbild	Befindlichkeit
Stimmlagen: Sopran, Mezzosopran, Alt, Tenor, Bariton, Bass	Sprechweise der Familie (ruhig, überlegt, aufgeregt, laut, leise)	Regionale Einflüsse, Landessprachen mit jeweiligen Klangräumen	Wer möchte man sein? Was glaubt man, was man sei?	Psychische Tageskonstitution, persönliche Biotageskurve

Die 5 Faktoren sind in dieser Reihenfolge wirksam.
Das Ziel ist, die eigenen Möglichkeiten des Singens Schritt für Schritt zu erweitern.
Ein wichtiges Mittel zu diesem Ziel ist die Selbstwahrnehmung.
Wo klinge ich?
Wie klinge ich?
Welche Körperpartien werden vom Klang durchflutet?
Welche Körperpartien schwingen mit?

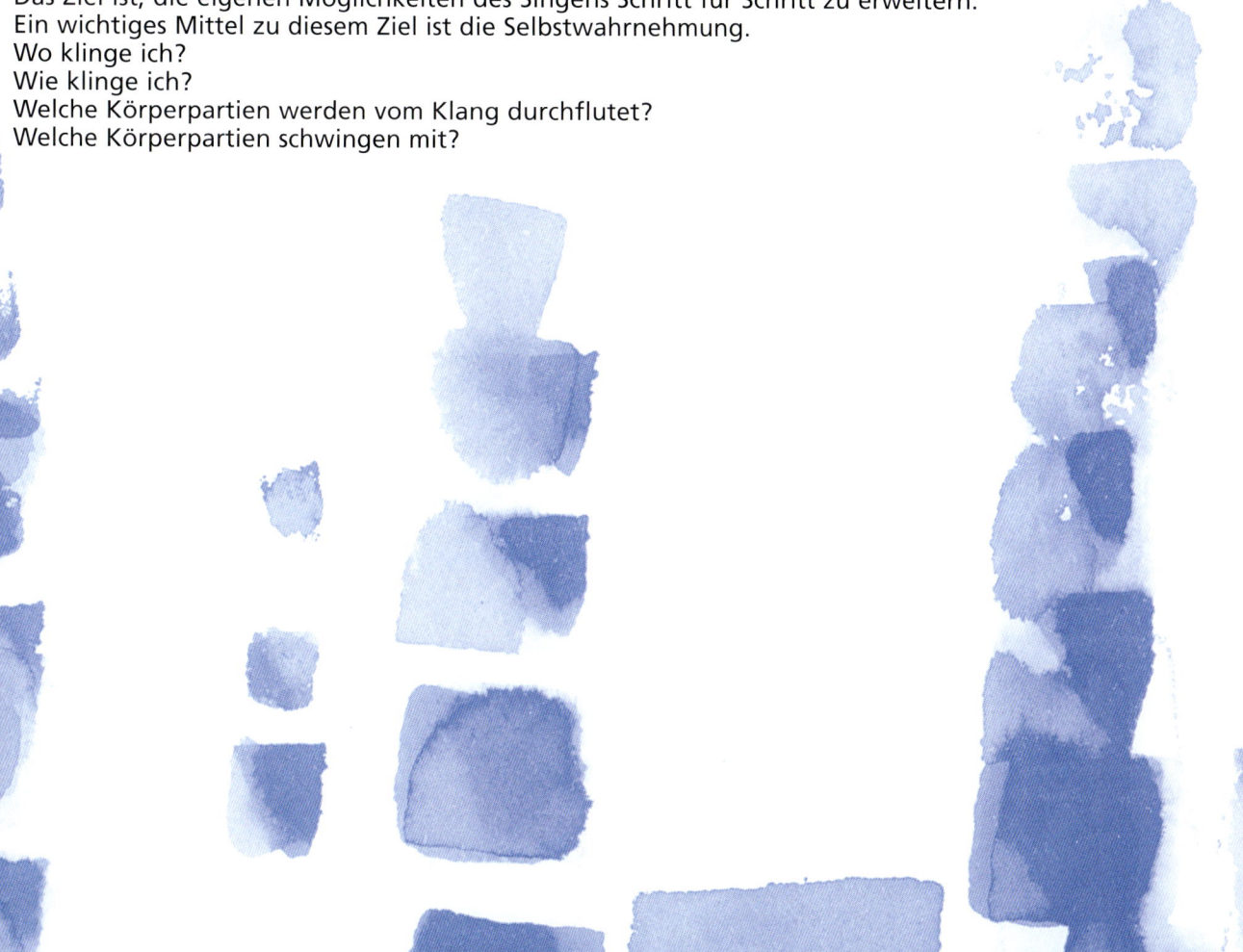

Die Person klingt durch

Wenn man die belebten Klangräume erfasst hat, dann kann man mit jedem neuen Klang versuchen, das durchflutete Gebiet ein wenig zu erweitern. Das wird vielleicht im ersten Moment nicht direkt gelingen. Doch bei stetiger Arbeit stehen große Möglichkeiten offen. Bei allem Bemühen gilt:
Nicht den Klang erweitern **müssen**, sondern den Klang fließen **lassen**!
Es ist auch nicht das Ziel wie Placido Domingo oder Joe Cocker, Tina Turner oder Anne Sofie von Otter zu klingen. Sie haben alle ihren Stil, ihren eigenen unverwechselbaren Klang gefunden. Bei ihnen ist es zur Übereinstimmung von Persönlichkeit und Stimme gekommen. Dadurch sind diese Menschen als Künstler unverwechselbar.
So gewinnt auch das Wort Person seine Urbedeutung.
Per sonare – durchklingen. Das eigene Wesen dringt über das Medium, die Stimme, durch. Eine Popsängerin sagte in einem Interview: „Nur wer seine Seele findet, kann sie singen lassen."

Letztendlich ist der Singstil völlig unbedeutend, genauso die Gesangsschule, durch die man gelernt hat. (Oftmals sind gerade spezielle Gesangschulen mehr schädigend als fördernd. Jeder Sänger, jede Sängerin kennt einen Mitstudierenden, der von einem Lehrer stimmlich so geschädigt wurde, dass irreparable Schäden auftraten.) Transportiert wird immer nur die individuelle Kraft des Singenden. Und da hört man sehr genau, ob jemand genau nach Anweisung singt oder sich völlig *stimmig* ausdrückt. Überzeugend ist immer ein Personalstil. Ob es nun eine Callas mit ihren schmachtenden Glissandi ist, die die Welt in ihren Bann zog, oder ein Chris de Burgh, dessen zarte Stimme nur mit dem Mikrofon tragend ist. Alle berühren auf ihre ganz eigene Weise grundmenschliche Schichten in uns. Und alle haben ihre eigene Zuhörerschaft.

Natürlich sind Stimmen immer auf ihre Zeit bezogen. Das tremolierende Vibrato einer Edith Piaf ist genauso aus der Mode gekommen wie z.B. die Vokalformung einer unglaublich kraftvollen Frieda Leider bei einer Wagnerpartie. Und wenn Marlene Dietrich mit ihrem Lied *Ich bin von Kopf bis Fuß* die männliche Zuhörerschaft sexuell in Wallung brachte, dann wirkt das auf uns Nachgeborene in einer völlig anderen Weise. Genauso wäre vermutlich die instrumentale Stimmführung eines John Potter vom *Hilliard Ensemble* für unsere Vorfahren ein Unding gewesen.

Singen ist klingender Zeitgeist, Zeitgeschmack und Zeitstimmung. Darum wird Singen sich immer einem Wandel unterziehen, weil sich die Menschen in ihren Befindlichkeiten auch ändern. Aber gerade das macht es so spannend. Arbeit mit der Stimme bedeutet immer auch ein Forschen und Suchen nach dem neuen Klang, der zu einem passt. Es ist auch immer die Suche nach dem neuen Menschen mit seinen neuen Möglichkeiten.

Darum sollte man sich immer wieder folgende Fragen vor Augen führen:

Erster Schritt: Welcher Klang entspricht meiner Person?
Welche Klangmöglichkeiten stecken in mir?

Zweiter Schritt: Wie kann ich mit meinen Klangmöglichkeiten umgehen?
Wie setze ich sie am besten ein?

Es gibt zwei Arten zu singen: Sologesang und Chorgesang.

Beim Sologesang stehen dem Sänger, der Sängerin alle Möglichkeiten zur Verfügung. Jegliche Stimmgebung, jegliche Individualität kann für den Ausdruck genutzt werden. Dies alles dient nur dem Kunstwerk, das man mit Leben erfüllen sollte. Natürlich darf man die Stimme nur dem eigenen Vermögen nach einsetzen. Es wäre fatal, mit einer feinen Stimme den gepressten Knödelschrei eines Joe Cocker nachzuahmen oder ein hohes C zu stemmen, so wie es Caruso tat. Auch hier gilt, dass man die Übereinstimmung der eigenen Person mit dem Kunstwerk suchen muss. Erst dann kommt das Kunstwerk zu seinem Recht.

Beim Chorgesang integriert man die eigene Kraft in den Gesamtklang. Man benutzt also nur bestimmte Ausschnitte des eigenen Stimmklangs. Das erfordert aber immer wieder die Kontrolle in der Einzelarbeit. Es verlangt das wache Hören im Chor. Das Chorsingen benötigt spezielle Fähigkeiten vom Sänger. Wenn man neben einer lauten Sängerin steht, dann muss man sehr genau die eigene Kraft dosieren, d.h. man darf sich nie mitreißen lassen von der großen Kraft der Nachbarin. Wenn man ein feines Organ hat, dann sollte man es in seinen Grenzen einsetzen. Wenn jemand anders mehr kann, dann ist das einfach so. Die Körpergröße kann man auch nicht einfach überwinden.
Bei all diesen Überlegungen gilt aber immer wieder der Grundsatz:
Singen ist eine Lust.
Und die sollte man sich nie nehmen lassen.

Stimmt's?